MÉMOIRES
D'UN MÉDECIN.

Corbeil, imp. de CRÈTE.

MÉMOIRES
D'UN MÉDECIN

PAR ALEXANDRE DUMAS.

Première Partie.

JOSEPH BALSAMO.

6

PARIS,
ALEXANDRE CADOT, ÉDITEUR,
32, rue de la Harpe.

1847
1846

DEUXIÈME PARTIE.

ANDRÉE DE TAVERNEY.

I

La Protectrice et le Protégé.

Il est temps de revenir à Gilbert, dont une exclamation imprudente de sa protectrice, mademoiselle Chon, nous a appris la fuite, et voilà tout

Depuis qu'au village de La Chaussée, il avait, dans les préliminaires du duel de

Philippe de Tarverney avec le vicomte Dubarry, appris le nom de sa protectrice, notre philosophe avait été fort refroidi dans son admiration.

Souvent, à Taverney, alors que, caché au milieu d'un massif ou derrière une charmille, il suivait ardemment des yeux Andrée se promenant avec son père, souvent, disons-nous, il avait entendu le baron s'expliquer catégoriquement sur le compte de madame Dubarry. La haine tout intéressée du vieux Taverney, dont nous connaissons les vices et les principes, avait trouvé une certaine sympathie dans le cœur de Gilbert. Cela venait de ce que mademoiselle Andrée ne contredisait, en aucune façon, le mal que le baron disait de madame Dubarry; car, il faut bien que nous le disions, le nom de madame Dubarry était un nom fort méprisé en France. Enfin, ce qui avait rangé complétement Gilbert au parti du baron, c'est que, plus d'une fois, il avait entendu Nicole s'écrier: — Ah! si j'étais madame Dubarry!

Tout le temps que dura le voyage, Chon était trop occupée, et de choses trop sérieuses, pour faire attention au changement d'humeur que la connaissance de ses compagnons de voyage avait amené chez M. Gilbert. Elle arriva donc à Versailles, ne songeant qu'à faire tourner au plus grand bien du vicomte le coup d'épée de Philippe, qui ne pouvait tourner à son plus grand honneur.

Quant à Gilbert, à peine entré dans la capitale, sinon de la France, du moins de la monarchie française, il oublia toute mauvaise pensée pour se laisser aller à une franche admiration. Versailles, majestueux et froid, avec ses grands arbres dont la plupart commençaient à sécher et à périr de vieillesse, pénétra Gilbert de ce sentiment de religieuse tristesse dont nul esprit bien organisé ne peut se défendre en présence des grands ouvrages élevés par la persévérance humaine, ou créés par la puissance de la nature.

Il résulta de cette impression inusitée chez Gilbert, et contre laquelle son orgueil inné se roidissait en vain, que pendant les premiers instants, la surprise et l'admiration le rendirent silencieux et souple. Le sentiment de sa misère et de son infériorité l'écrasait. Il se trouvait bien pauvrement vêtu près de ces seigneurs chamarrés d'or et de cordons, bien petit près des suisses, bien chancelant, quand, avec ses gros souliers ferrés, il lui fallut marcher sur les parquets de mosaïque et sur les marbres poncés et cirés des galeries.

Alors, il sentit que le secours de sa protectrice lui était indispensable pour faire de lui quelque chose. Il se rapprocha d'elle pour que les gardes vissent bien qu'il venait avec elle. Mais ce fut ce besoin même qu'il avait eu de Chon qu'avec la réflexion, qui lui revint bientôt, il ne put lui pardonner.

Nous savons déjà, car nous l'avons vu dans la première partie de cet ouvrage, que madame Dubarry habitait à Versailles un bel appartement autrefois habité par madame Adélaïde. L'or, le marbre, les parfums, les tapis, les dentelles, enivrèrent d'abord Gilbert, nature sensuelle par instinct, esprit philosophique par volonté, et ce ne fut que lorsqu'il y était déjà depuis longtemps, qu'enivré d'abord par la réflexion de tant de merveilles qui avaient ébloui son intelligence, il s'aperçut enfin qu'il était dans une petite mansarde tendue de serge, qu'on lui avait servi un bouillon, un reste de gigot et un pot de crême, et que le valet, en les lui servant, lui avait dit d'un ton de maître :

— Restez ici !

Puis il s'était retiré.

Cependant un dernier coin de tableau, — il est vrai que c'était le plus magnifique, — tenait encore Gilbert sous le charme. On l'avait logé dans les combles, nous l'avons dit; mais de la fenêtre de sa mansarde, il voyait tout le parc émaillé de marbre; il apercevait les eaux couvertes de cette croûte verdâtre qu'étendait sur elle l'abandon où on les avait laissées et par-delà les cimes des arbres, frémissantes comme les vagues de l'Océan, les plaines diaprées et les horizons bleus des montagnes voisines. La seule chose à laquelle songea Gilbert en ce moment, fut donc que, comme les premiers seigneurs de France, sans être ni un courtisan, ni un laquais, sans aucune recommandation de naissance et sans aucune bassesse de caractère, il logeait à Versailles, c'est-à-dire dans le palais du roi.

Pendant que Gilbert faisait son petit repas, fort bon d'ailleurs, s'il le comparait à ceux qu'il avait l'habitude de faire, et pour son dessert regardait par la fenêtre de sa mansarde, Chon pénétrait, on se le rappelle, près de sa sœur, lui glissait tout bas à l'oreille que sa commission près de madame de Béarn était remplie, et lui annonçait tout haut l'accident arrivé à son frère à l'auberge de La Chaussée, accident que, malgré le bruit qu'il avait fait à sa naissance, nous avons vu aller se perdre et mourir dans le gouffre où devaient se perdre tant d'autres choses plus importantes, l'indifférence du roi.

Gilbert était plongé dans une de ces rêveries qui lui étaient familières en face des choses qui passaient la mesure de son intelligence ou de sa volonté, lorsqu'on vint le prévenir que mademoiselle Chon l'invitait à descendre; il prit son chapeau, le brossa, compara du coin de l'œil son habit rapé à l'habit neuf du laquais; et, tout en se disant que l'habit de ce dernier était un habit de livrée, il n'en descendit pas moins, tout rougissant de honte, de se trouver si peu en harmonie avec les hommes qu'il coudoyait et avec les choses qui passaient sous ses yeux.

Chon descendait en même temps que Gilbert dans la cour; seulement elle descendait, elle, par le grand escalier, lui, par une espèce d'échelle de dégagement.

Une voiture attendait. C'était une espèce de phaéton bas, à quatre places, pareil à peu près à cette petite voiture historique dans laquelle le grand roi promenait à la fois madame de Montespan, madame de Fontanges, et même souvent la reine.

Chon y monta et s'installa sur la première banquette, avec un gros coffre et un petit chien. Les deux autres places étaient destinées à Gilbert et à une espèce d'intendant nommé M. Grange.

Gilbert s'empressa de prendre place derrière Chon, pour maintenir son rang. L'intendant, sans faire difficulté, sans y songer même, prit place à son tour derrière le coffret et le chien.

Comme mademoiselle Chon, semblable pour l'esprit et le cœur à tout ce qui habitait Versailles, se sentait joyeuse de quitter le grand palais pour respirer l'air des bois et des prés, elle devint communicative, et à peine sortie de la ville, se tournant à demi :

— Eh bien! dit-elle, comment trouvez-vous Versailles, monsieur le philosophe?

— Fort beau, madame, mais le quittons-nous déjà?

— Oui, nous allons chez *nous*, cette fois.

C'est-à-dire chez *vous*, madame, dit Gilbert, du ton d'un ours qui s'humanise.

— C'est ce que je voulais dire. Je vous montrerai à ma sœur, tâchez de lui plaire; c'est à quoi s'attachent en ce moment les plus grands seigneurs de France. A propos, monsieur Grange, vous ferez faire un habit complet à ce garçon.

Gilbert rougit jusqu'aux oreilles.

— Quel habit, madame? demanda l'intendant; la livrée ordinaire?

Gilbert bondit sur sa banquette.

— La livrée! s'écria-t-il en lançant à l'intendant un regard féroce.

Chon se mit à rire.

— Non pas, vous ferez faire..... Je vous dirai cela; j'ai une idée que je veux communiquer à ma sœur. Veillez seulement à ce que cet habit soit prêt en même temps que celui de Zamore.

— Bien, madame.

— Connaissez-vous Zamore? demanda Chon à Gilbert, que tout ce dialogue rendait fort effaré.

— Non madame, dit-il, je n'ai pas cet honneur.

— C'est un petit compagnon que vous aurez, et qui va être gouverneur du château de Luciennes. Faites-vous son ami; c'est une bonne créature au fond que Zamore, malgré sa couleur.

Gilbert fut prêt à demander de quelle couleur était Zamore, mais il se rappela la morale que Chon lui avait faite à propos de la curiosité, et, de peur d'une seconde mercuriale, il se contint.

— Je tâcherai, se contenta-t-il de répondre avec un sourire plein de dignité.

On arriva à Luciennes. Le philosophe avait tout vu : la route fraîchement plantée, ces coteaux ombreux, le grand aqueduc qui semble un ouvrage romain, les bois de châtaigners à l'épais feuillage, puis enfin, ce magnifique coup d'œil de plaines et de bois qui accompagnent dans leur fuite vers Maisons les deux rives de la Seine.

— C'est donc là, se dit Gilbert à lui-même, ce pavillon qui a coûté tant d'argent à la France, au dire de M. le baron de Taverney!

Des chiens joyeux, des domestiques empressés, accourant pour saluer Chon, interrompirent Gilbert au milieu de ses réflexions aristocratico-philosophiques.

— Ma sœur est-elle donc arrivée? demanda Chon.

— Non, madame, mais on l'attend.

— Qui cela?

— Mais M. le chancelier, M. le lieutenant de police, M. le duc d'Aiguillon.

— Bien! courez vite m'ouvrir le cabinet de Chine, je veux être la première à voir ma sœur, vous la préviendrez que je suis là, entendez-vous? — Ah! Sylvie, continua Chon, s'adressant à une espèce de femme de chambre qui venait de s'emparer du coffret et du petit chien, donnez le coffret et Misapouf à M. Grange et conduisez mon petit philosophe près de Zamore.

Mademoiselle Sylvie regarda autour d'elle cherchant sans doute de quelle sorte d'animal Chon voulait parler; mais ses regards et ceux de sa maîtresse s'étant arrêtés en même temps sur Gilbert, Chon fit signe que c'était du jeune homme qu'il était question.

— Venez, dit Sylvie.

Gilbert, de plus en plus étonné, suivit

la femme de chambre, tandis que Chon, légère comme un oiseau, disparaissait par une des portes latérales du pavillon.

Sans le ton impératif avec lequel Chon lui avait parlé, Gilbert eût pris bien plutôt mademoiselle Sylvie pour une grande dame que pour une femme de chambre. En effet, elle ressemblait bien plus, pour le costume, à Andrée qu'à Nicole; elle prit Gilbert par la main en lui adressant un gracieux sourire, car les paroles de mademoiselle Chon indiquaient à l'endroit du nouveau venu, sinon l'affection, du moins le caprice.

C'était, — mademoiselle Sylvie, bien

entendu, — une grande et belle fille aux yeux bleus foncés, au teint blanc, légèrement taché de rousseur, aux magnifiques cheveux d'un blond ardent. Sa bouche fraîche et fine, ses dents blanches, son bras potelé, firent sur Gilbert une de ces impressions sensuelles auxquelles il était si accessible et qui lui rappela, par un doux frémissement, cette lune de miel dont avait parlé Nicole.

Les femmes s'aperçoivent toujours de ces choses-là; mademoiselle Sylvie s'en aperçut donc, et souriant :

— Comment vous appelle-t-on, monsieur? dit-elle.

—Gilbert, mademoiselle, répondit notre jeune homme avec une voix assez douce.

—Eh bien, monsieur Gilbert, venez faire connaissance avec le seigneur Zamore.

— Avec le gouverneur du château de Luciennes?

— Avec le gouverneur.

Gilbert étira ses bras, brossa son habit avec une manche, et passa son mouchoir sur ses mains. Il était assez intimidé au fond de paraître devant un personnage si important, mais il se rappelait ces mots : Zamore est une bonne créature, et ces mots le rassuraient.

Il était déjà ami d'une comtesse, ami d'un vicomte ; il allait être l'ami d'un gouverneur.

— Eh ! pensa-t-il, calomnierait-on la cour, qu'il est si facile d'y avoir des amis ? Ces gens-là sont hospitaliers et bons, j'imagine.

Sylvie ouvrit la porte d'une antichambre qui semblait bien plutôt un boudoir ; les panneaux en étaient d'écailles incrustées de cuivre doré. On eût dit l'Atrium de Lucullus, si ce n'est que chez l'ancien Romain, les incrustations étaient d'or pur.

Là, sur un immense fauteuil, enfoui sous des coussins, se reposait, les jambes croisées, en grignotant des pastilles de chocolat, le seigneur Zamore, que nous connaissons, mais que Gilbert ne connaissait pas.

Aussi l'effet que lui produisit l'apparition du futur gouverneur de Luciennes se traduisit-elle d'une façon assez curieuse sur le visage du philosophe.

— Oh ! s'écria-t-il en contemplant avec saisissement l'étrange figure, car c'était là première fois qu'il voyait un nègre, oh ! oh ! qu'est-ce que ceci ?

Quant à Zamore, il ne leva pas même la tête et continua de grignoter ses pralines en roulant des yeux blancs de plaisir.

— Ceci, répondit Sylvie, c'est M. Zamore.

— Lui? fit Gilbert stupéfait.

— Sans doute, répliqua Sylvie, riant malgré elle de la tournure que prenait cette scène.

— Le gouverneur? continua Gilbert, ce magot, gouverneur du château de Luciennes? Allons donc, mademoiselle, vous vous moquez de moi.

A cette apostrophe, Zamore se redressa, montrant ses dents blanches.

— Moi gouverneur, dit-il, moi pas magot.

Gilbert promena de Zamore à Sylvie un regard inquiet qui devint courroucé lorsqu'il vit la jeune femme éclater de rire malgré les efforts qu'elle faisait pour se contenir.

Quant à Zamore, grave et impassible comme un fétiche indien, il replongea sa griffe noire dans le sac de satin, et reprit ses grignotements.

En ce moment la porte s'ouvrit, et M. Grange entra suivi d'un tailleur.

— Voici, dit-il en désignant Gilbert, la personne pour qui sera l'habit ; prenez la mesure ainsi que je vous ai expliqué qu'elle devait être prise.

Gilbert tendit machinalement ses bras et ses épaules, tandis que Sylvie et M. Grange causaient au fond de la chambre, et que mademoiselle Sylvie riait de plus en plus à chaque mot que lui disait l'intendant.

— Ah ! ce sera charmant, dit mademoiselle Sylvie; et aura-t-il le bonnet pointu, comme Sganarelle ?

Gilbert n'écouta même pas la réponse, il repoussa brusquement le tailleur, et ne voulut à aucun prix se prêter au reste de la cérémonie. Il ne connaissait pas Sganarelle, mais le nom, et surtout les rires de mademoiselle Sylvie lui indiquaient que ce devait être un personnage éminemment ridicule.

— C'est bon, dit l'intendant au tailleur, ne lui faites pas violence; vous en savez assez, n'est-ce pas?

— Certainement, répondit le tailleur; d'ailleurs, l'ampleur ne nuit jamais à ces sortes d'habits. Je le tiendrai large.

Sur quoi, mademoiselle Sylvie, l'intendant et le tailleur partirent, en laissant Gilbert en tête-à-tête avec le négrillon, qui continuait de grignoter ses pralines et de rouler ses yeux blancs.

Que d'énigmes pour le pauvre provincial, que de craintes, que d'angoisses surtout pour le philosophe qui voyait ou croyait voir sa dignité d'homme plus clairement compromise encore à Luciennes qu'à Taverney.

Cependant il essaya de parler à Zamore ; il lui était venu à l'idée que c'était peut-être quelque prince indien, comme il en avait vu dans les romans de M. Crébillon fils.

Mais le prince indien, au lieu de lui répondre, s'en alla devant chaque glace mirer son magnifique costume, comme fait une fiancée de son habit de noces, puis, se mettant à califourchon sur une chaise à roulettes, à laquelle il donna l'impulsion avec ses pieds, il fit une dixaine de fois le tour de l'antichambre avec une vélocité qui prouvait l'étude approfondie qu'il avait faite de cette ingénieux exercice.

Tout à coup, une sonnette retentit. Zamore quitta sa chaise, qu'il laissa à l'endroit où il la quittait, et s'élança par une des portes de l'antichambre dans la direction du bruit de cette sonnette.

Cette promptitude à obéir au timbre argentin, acheva de convaincre Gilbert que Zamore n'était point un prince.

Gilbert eut un instant l'envie de sortir

par la même porte que Zamore ; mais en arrivant au bout du couloir qui donnait dans un salon, il aperçut tant de cordons bleus et tant de cordons rouges, le tout gardé par des laquais si effrontés, si insolents et si tapageurs, qu'il sentit un frisson courir par ses veines, et que, la sueur au front, il rentra dans son antichambre.

Un heure s'écoula ainsi ; Zamore ne revenait pas, mademoiselle Sylvie était toujours absente ; Gilbert appelait de tous ses désirs un visage humain quelconque, fût-ce celui de l'affreux tailleur qui allait instrumenter la mystification inconnue dont il était menacé.

Au bout de cette heure, la porte par laquelle il était entré se rouvrit, et un laquais parut qui lui dit :

— Venez !

II

Le médecin malgré lui.

Gilbert se sentait désagréablement affecté d'avoir à obéir à un laquais, néanmoins, comme il s'agissait sans doute d'un changement dans son état, et qu'il lui semblait que tout changement lui devait être avantageux, il se hâta.

Mademoiselle Chon, libre enfin de toute négociation après avoir mis sa belle-sœur au courant de sa mission près de madame de Béarn, déjeunait fort à l'aise dans un beau déshabillé du matin, près d'une fenêtre à la hauteur de laquelle montaient les acacias et les marronniers du plus prochain quinconce.

Elle mangeait de fort bon appétit, et Gilbert remarqua que cet appétit était justifié par un salmis de faisans et par une galantine aux truffes.

Le philosophe Gilbert, introduit auprès de mademoiselle Chon, chercha des yeux sur le guéridon la place de son couvert : il s'attendait à une invitation.

Mais Chon ne lui offrit pas même un siége.

Elle se contenta de jeter un coup d'œil sur Gilbert ; puis ayant avalé un petit verre de vin couleur de topaze :

— Voyons, mon cher médecin, où en êtes-vous avec Zamore ? dit-elle.

— Où j'en suis ? demanda Gilbert.

— Sans doute, j'espère que vous avez fait connaissance ?

— Comment voulez-vous que je fasse

connaissance avec une espèce d'animal qui ne parle pas, et qui, lorsqu'on lui parle, se contente de rouler les yeux et de montrer les dents.

— Vous m'effrayez, répondit Chon sans discontinuer son repas et sans que l'air de son visage correspondît aucunement à ses paroles ; vous êtes donc bien revêche en amitié ?

— L'amitié suppose l'égalité, mademoiselle.

— Belle maxime ! dit Chon. Alors vous ne vous êtes pas cru l'égal de Zamore ?

— C'est-à-dire, reprit Gilbert, que je n'ai pas cru qu'il fût le mien.

— En vérité, dit Chon, comme se parlant à elle-même, il est ravissant !

Puis se retournant vers Gilbert dont elle remarqua l'air rogue :

— Vous disiez donc, cher docteur, ajouta-t-elle, que vous donnez difficilement votre cœur ?

— Très-difficilement, madame.

— Alors, je me trompais quand je me flattais d'être de vos amies, et des bonnes ?

— J'ai beaucoup de penchant pour

vous personnellement, madame, dit Gilbert avec roideur. Mais...

— Ah! grand merci pour cet effort; vous me comblez; et combien de temps faut-il, mon beau dédaigneux, pour qu'on obtienne vos bonnes grâces?

— Beaucoup de temps, madame; il y a même des gens qui, quelque chose qu'ils fassent, ne les obtiendront jamais.

— Ah! cela m'explique comment, après être resté dix-huit ans dans la maison du baron de Taverney, vous l'avez quittée tout d'un coup. Les Taverney n'avaient pas eu la chance de se mettre dans vos bonnes grâces. C'est cela, n'est-ce pas?

Gilbert rougit.

— Eh bien! vous ne répondez pas? continua Chon.

— Que voulez-vous que je vous réponde, madame, si ce n'est que toute amitié et toute confiance doivent se mériter.

— Peste! il paraîtrait, en ce cas, que les hôtes de Taverney n'auraient mérité ni cette amitié, ni cette confiance?

— Tous, non, madame.

— Et que vous avaient fait ceux qui ont eu le malheur de vous déplaire?

— Je ne me plains point, madame, dit fièrement Gilbert.

— Allons, allons, dit Chon, je vois que moi aussi, je suis exclue de la confiance de M. Gilbert. Ce n'est cependant pas l'envie de la conquérir qui me manque; c'est l'ignorance où je suis des moyens que l'on doit employer.

Gilbert se pinça les lèvres.

— Bref, ces Taverney n'ont pas su vous contenter, ajouta Chon avec une curiosité dont Gilbert sentit la tendance. — Dites-moi donc un peu ce que vous faisiez chez eux?

Gilbert fut assez embarrassé, car il ne savait pas lui-même ce qu'il faisait à Taverney.

— Madame, dit-il, j'étais... j'étais homme de confiance.

A ces mots, prononcés avec le flegme philosophique qui caractérisait Gilbert, Chon fut prise d'un tel accès de rire qu'elle se renversa sur sa chaise en éclatant.

— Vous en doutez? dit Gilbert en fronçant le sourcil.

— Dieu m'en garde! Savez-vous, mon cher ami, que vous êtes féroce et que l'on ne peut vous rien dire. Je vous demandais quels gens étaient ces Taverney. Ce n'est point pour vous désobliger, mais bien plutôt pour vous servir en vous vengeant.

— Je ne me venge pas, ou je me venge moi-même, madame.

— Très-bien, mais nous avons nous-mêmes un grief contre les Taverney, puisque de votre côté vous en avez aussi un et même peut-être plusieurs, nous sommes donc naturellement alliés.

— Vous vous trompez, madame, ma façon de me venger ne peut avoir aucun rapport avec la vôtre, car vous parlez des Taverney en général, et moi j'admets différentes nuances dans les divers sentiments que je leur porte.

— Et M. Philippe de Taverney, par

exemple, est-il dans les nuances sombres ou dans les nuances tendres?

— Je n'ai rien contre M. Philippe. M. Philippe ne m'a jamais fait ni bien ni mal. Je ne l'aime ni le déteste, il m'est tout à fait indifférent.

— Alors vous ne déposeriez pas devant le roi ou devant M. de Choiseul, contre M. Philippe de Taverney?

— A quel propos?

— A propos de son duel avec mon frère.

— Je dirais ce que je sais, madame, si j'étais appelé à déposer.

— Et que savez-vous?

— La vérité.

— Voyons qu'appelez-vous la vérité? C'est un mot bien élastique.

— Jamais pour celui qui sait distinguer le bien du mal, le juste de l'injuste.

— Je comprends : — le bien — c'est M. Philippe de Taverney; — le mal — c'est M. le vicomte Dubarry.

— Oui, madame, à mon avis, et selon ma conscience, du moins.

— Voilà ce que j'ai recueilli en chemin! dit Chon avec aigreur; voilà comment me récompense celui qui me doit la vie!

— C'est-à-dire, madame, celui qui ne vous doit pas la mort.

— C'est la même chose.

— C'est bien différent, au contraire.

— Comment cela?

— Je ne vous dois pas la vie; vous avez empêché vos chevaux de me l'ôter, voilà tout, et encore ce n'est pas vous, c'est le postillon.

Chon regarda fixement le petit logicien qui marchandait si peu avec les termes.

— J'aurais attendu, dit-elle en adoucissant son sourire et sa voix, un peu plus de galanterie de la part d'un compagnon de voyage qui savait si bien, pendant la route, trouver mon bras sous un coussin et mon pied sur son genou.

Chon était si provoquante avec cette douceur et cette familiarité, que Gilbert oublia Zamore, le tailleur et le déjeuner auquel on avait oublié de l'inviter.

— Allons! allons, nous voilà redevenu gentil, dit Chon en prenant le menton de Gilbert dans sa main. Vous témoignerez contre Philippe de Taverney, n'est-ce pas?

— Oh ! pour cela, non, fit Gilbert. Jamais !

— Pourquoi donc, entêté ?

— Parce que M. le vicomte Jean a eu tort.

— Et en quoi a-t-il eu tort, s'il vous plaît ?

— En insultant la Dauphine. Tandis qu'au contraire, M. Philippe de Taverney.....

— Eh bien ?

— Avait raison en la défendant.

— Ah! nous tenons pour la Dauphine, à ce qu'il paraît?

— Non, je tiens pour la justice.

— Vous êtes un fou, Gilbert, taisez-vous, qu'on ne vous entende point parler ainsi dans ce château.

— Alors dispensez-moi de répondre quand vous m'interrogerez.

— Changeons de conversation en ce cas.

Gilbert s'inclina en signe d'assentiment.

— Ça, petit garçon, demanda la jeune femme d'un ton de voix assez dur, que comptez-vous faire ici, si vous ne vous y rendez agréable ?

— Faut-il me rendre agréable en me parjurant.

— Mais où donc allez-vous prendre tous ces grands mots-là ?

— Dans le droit que chaque homme a de rester fidèle à sa conscience.

— Bah ! dit Chon, quand on sert un maître, ce maître assume sur lui toute responsabilité.

— Je n'ai pas de maître, grommela Gilbert.

— Et au train dont vous y allez, petit niais, dit Chon en se levant comme une belle paresseuse, vous n'aurez jamais de maîtresse. Maintenant, je répète ma question, répondez-y catégoriquement : Que comptez-vous faire chez nous ?

— Je croyais qu'il n'était pas besoin de se rendre agréable quand on pouvait se rendre utile.

— Et vous vous trompez : on ne rencontre que des gens utiles, et nous en sommes las.

— Alors je me retirerai.

— Vous vous retirerez ?

— Oui, sans doute, je n'ai point demandé à venir, n'est-ce pas ? Je suis donc libre.

— Libre ! s'écria Chon, qui commençait à se mettre en colère de cette résistance à laquelle elle n'était pas habituée. Oh ! que non !

La figure de Gilbert se contracta.

— Allons, allons, dit la jeune femme, qui vit au froncement de sourcils de son interlocuteur qu'il ne renonçait pas facilement à sa liberté. Allons, la paix ! — Vous êtes un joli garçon très-vertueux, et en cela vous serez très-divertissant, ne fût-ce que par le contraste que vous ferez avec tout ce qui nous entoure. Seulement, gardez votre amour pour la vérité.

— Sans doute je le garderai, dit Gilbert.

— Oui, mais nous entendons la chose de deux façons différentes. Je dis : gardez-le pour vous, et n'allez pas célébrer votre culte dans les corridors de Trianon ou dans les antichambres de Versailles.

— Hum! fit Gilbert.

— Il n'y a pas de hum! vous n'êtes pas si savant, mon petit philosophe, que vous ne puissiez apprendre beaucoup de choses d'une femme; et d'abord, premier axiome :

on ne ment pas en se taisant ; retenez bien ceci.

— Mais si l'on m'interroge ?

— Qui cela? Etes-vous fou, mon ami ? Bon Dieu, qui songe donc à vous au monde si ce n'est moi? Vous n'avez pas encore d'école, ce me semble, monsieur le philosophe. L'espèce dont vous faites partie est encore rare. Il faut courir les grands chemins et battre les buissons pour trouver vos pareils. Vous demeurerez avec moi, et je ne vous donne pas quatre fois vingt-quatre heures pour que nous vous voyions transformé en un courtisan parfait.

— J'en doute, répondit impérialement Gilbert.

Chon haussa les épaules.

Gilbert sourit.

— Mais brisons-là reprit Chon; d'ailleurs, vous n'avez besoin que de plaire à trois personnes.

— Et ces trois personnes sont?

— Le roi, ma sœur et moi.

— Que faut-il faire pour cela?

— Vous avez vu Zamore? demanda la jeune femme, évitant de répondre directement à la question.

— Ce nègre? fit Gilbert avec un profond mépris.

— Oui, ce nègre.

— Que puis-je avoir de commun avec lui?

— Tâchez que ce soit la fortune, mon petit ami. Ce nègre a déjà deux mille livres de rente sur la cassette du roi. Il va être nommé gouverneur du château de Luciennes, et tel qui a ri de ses grosses lèvres et de sa couleur, lui fera la cour, l'appellera monsieur et même monseigneur.

— Ce ne sera pas moi, madame, fit Gilbert.

— Allons donc! dit Chon, je croyais qu'un des premiers préceptes des philosophes était que tous les hommes étaient égaux?

— C'est pour cela que je n'appellerai pas Zamore monseigneur.

Chon était battue par ses propres armes. Elle se mordit les lèvres à son tour.

— Ainsi, vous n'êtes pas ambitieux? dit-elle.

— Si fait! dit Gilbert les yeux étincelants, au contraire.

— Et votre ambition, si je me souviens bien, était d'être médecin.

— Je regarde la mission de porter secours à ses semblables, comme la plus belle qu'il y ait au monde.

— Eh bien ! votre rêve sera réalisé.

— Comment cela ?

— Vous serez médecin, et médecin du roi même.

— Moi ! s'écria Gilbert, moi, qui n'ai pas les premières notions de l'art médical !... Vous riez, madame.

— Eh ? Zamore, sait-il ce que c'est qu'une herse, qu'un machicoulis, qu'une contrescarpe ? Non, vraiment, il l'ignore et ne s'en inquiète pas. Ce qui n'empêche pas qu'il soit gouverneur du château de Luciennes, avec tous les priviléges attachés à ce titre.

— Ah! oui, oui, je comprends, dit amèrement Gilbert, nous n'avez qu'un bouffon, ce n'est point assez. Le roi s'ennuie ; il lui en faut deux.

— Bien, s'écria Chon, le voilà qui reprend sa mine allongée. En vérité, vous vous rendez laid à faire plaisir, mon petit homme. Gardez toutes ces mines fantasques pour le moment où la perruque sera sur votre tête et le chapeau pointu sur la perruque; alors, au lieu d'être laid, ce sera comique.

Gilbert fronça une seconde fois le sourcil.

— Voyons, dit Chon, vous pouvez bien accepter le poste de médecin du roi, quand M. le duc de Tresme sollicite le titre de sapajou de ma sœur?

Gilbert ne répondit rien. Chon lui fit l'application du proverbe: Qui ne dit rien, consent.

— Pour preuve que vous commencez d'être en faveur, dit Chon, vous ne mangerez point aux offices.

— Ah! merci, madame, répondit Gilbert.

— Non, j'ai déjà donné des ordres à cet effet.

— Et où mangerai-je?

— Vous partagerez le couvert de Zamore.

— Moi?

— Sans doute; le gouverneur et le médecin du roi peuvent bien manger à la même table. Allez donc dîner avec lui si vous voulez.

— Je n'ai pas faim, répondit rudement Gilbert.

—Très-bien, dit Chon avec tranquillité; vous n'avez pas faim maintenant, mais vous aurez faim ce soir.

Gilbert secoua la tête.

— Si ce n'est ce soir, ce sera demain, après-demain. Ah! vous vous adoucirez, monsieur le rebelle, et si vous nous donnez trop de mal, nous avons M. le correcteur des pages qui est à notre dévotion.

Gilbert frissonna et pâlit.

— Rendez-vous donc près du seigneur Zamore, dit Chon avec sévérité; vous ne vous en trouverez pas mal; la cuisine est bonne; mais prenez garde d'être ingrat, car on vous apprendrait la reconnaissance.

Gilbert baissa la tête.

Il en était ainsi chaque fois qu'au lieu de répondre il venait de se résoudre à agir.

Le laquais qui avait amené Gilbert attendait sa sortie. Il le conduisit dans une petite salle à manger attenante à l'antichambre où il avait été introduit. — Zamore était à table.

Gilbert alla s'asseoir près de lui, mais on ne put le forcer à manger.

Trois heures sonnèrent; madame Dubarry partit pour Paris. Chon, qui devait la rejoindre plus tard, donna ses instructions pour qu'on apprivoisât son ours. — Force entremets sucrés s'il faisait bon visage; force menaces, suivies d'une heure de cachot, s'il continuait de se rebeller.

A quatre heures, on apporta dans la chambre de Gilbert le costume complet du *Médecin malgré lui* : bonnet pointu, perruque, justaucorps noir, robe de même couleur. On y avait joint la collerette, la baguette et le gros livre.

Le laquais, porteur de toute cette défroque, lui montra l'un après l'autre chacun de ces objets, Gilbert ne témoigna aucune intention de résister.

M. Grange entra derrière le laquais, et lui apprit comment on devait mettre les différentes pièces du costume, Gilbert écouta patiemment toute la démonstration de M. Grange.

— Je croyais, dit seulement Gilbert, que les médecins portaient autrefois une écritoire et un petit rouleau de papier.

— Ma foi! il a raison, dit M. Grange; cherchez-lui une longue écritoire, qu'il se pendra à la ceinture.

— Avec plume et papier, cria Gilbert. Je tiens à ce que le costume soit complet.

Le laquais s'élança pour exécuter l'ordre donné. Il était chargé en même temps de prévenir mademoiselle Chon de l'étonnante bonne volonté de Gilbert.

Mademoiselle Chon fut si ravie qu'elle donna au messager une petite bourse contenant huit écus, et destinée à être attachée avec l'encrier à la ceinture de ce médecin modèle.

— Merci, dit Gilbert, à qui l'on apporta le tout. Maintenant, veut-on me laisser seul, afin que je m'habille?

— Alors, dépêchez-vous, dit M. Grange, afin que mademoiselle puisse vous voir avant son départ pour Paris.

— Une demi-heure, dit Gilbert, je ne demande qu'une demi-heure.

— Trois quarts d'heure, s'il le faut, monsieur le docteur, dit l'intendant en fermant aussi soigneusement la porte de Gilbert que si c'eût été celle de sa caisse.

Gilbert s'approcha sur la pointe du pied de cette porte, écouta pour s'assurer que les pas s'éloignaient, puis il se glissa jusqu'à la fenêtre qui donnait sur des terrasses situées à dix-huit pieds au-dessous. Ces terrasses, couvertes d'un sable fin, étaient bordées de grands arbres dont les feuillages venaient ombrager les balcons.

Gilbert déchira sa longue robe en trois morceaux qu'il attacha bout à bout, déposa sur la table le chapeau, près du chapeau la bourse, et écrivit :

« Madame,

« Le premier des biens est la liberté. Le plus saint des devoirs de l'homme est de la conserver. Vous me violentez, je m'affranchis.

« Gilbert. »

Gilbert plia la lettre, la mit à l'adresse de mademoiselle Chon, attacha ses douze pieds de serge aux barreaux de la fenêtre, entre lesquels il glissa comme une couleuvre, sauta sur la terrasse, au risque de sa vie, quand il fut au bout de la corde, et alors, quoiqu'un peu étourdi du saut qu'il venait de faire, il courut aux arbres, se cramponna aux branches, glissa sous le feuillage comme un écureuil, arriva au sol, et à toutes jambes disparut dans la direction des bois de Ville-d'Avray.

Lorsqu'au bout d'une demi-heure on revint pour le chercher, il était déjà loin de toute atteinte.

III

Le vieillard.

Gilbert n'avait pas voulu prendre les routes de peur d'être poursuivi ; il avait gagné, de bois en bois, une espèce de forêt dans laquelle il s'arrêta enfin. Il avait dû faire une lieue et demie à peu près en trois quarts d'heure.

Le fugitif regarda tout autour de lui : il était bien seul. Cette solitude le rassura. Il essaya de se rapprocher de la route qui devait, d'après son calcul, conduire à Paris.

Mais des chevaux qu'il aperçut sortant du village de Roquencourt, menés par des livrées oranges, l'effrayèrent tellement qu'il fut guéri de la tentation d'affronter les grandes routes et se rejeta dans les bois.

— Demeurons à l'ombre de ces châtaigniers, se dit Gilbert ; si l'on me cherche quelque part, ce sera sur le grand chemin. Ce soir d'arbre en arbre, de carrefour en carrefour, je me faufilerai vers Paris. On dit que Paris est grand, je suis petit, on m'y perdra.

L'idée lui parut d'autant meilleure que le temps était beau, le bois ombreux, le sol moussu. Les rayons d'un soleil âpre et intermittent qui commençait à disparaître derrière les coteaux de Marly, avaient séché les herbes et tiré de la terre ces doux parfums printaniers qui participent à la fois de la fleur et de la plante.

On en était arrivé à cette heure de la journée où le silence tombe plus doux et plus profond du ciel qui commence à s'assombrir, à cette heure où les fleurs en se refermant cachent l'insecte endormi dans leur calice. Les mouches dorées et bourdonnantes regagnent le creux des chênes qui leur sert d'asile, les oiseaux passent muets dans le feuillage où l'on n'entend que le frôlement rapide de leurs ailes, et le seul chant qui retentisse encore est le sifflement accentué du merle, et le timide ramage du rouge-gorge.

Les bois étaient familiers à Gilbert ; il en connaissait les bruits et les silences. Aussi, sans réfléchir plus longtemps, sans se laisser aller à des craintes puériles, se jeta-t-il sur les bruyères parsemées çà et là des feuilles rouillées de l'hiver.

Bien plus, au lieu d'être inquiet, Gilbert ressentait une joie immense. Il aspirait à longs flots l'air libre et pur; il sentait que, cette fois encore, il avait triomphé, en homme stoïque, de tous les piéges tendus aux faiblesses humaines. Que lui importait-il de n'avoir ni pain, ni argent, ni asile? N'avait-il pas sa chère liberté, ne disposait-il pas de lui pleinement et entièrement.

Il s'étendit donc au pied d'un châtaignier gigantesque qui lui faisait un lit moelleux entre les bras de deux grosses racines moussues, et, tout en regardant le ciel qui lui souriait, il s'endormit.

Le chant des oiseaux le réveilla; il était jour à peine. En se soulevant sur son coude brisé par le contact du bois dur, Gilbert vit le crépuscule bleuâtre estomper la triple issue d'un carrefour, tandis que çà et là, par les sentiers humides de rosée passaient, l'oreille penchée, des lapins rapides, tandis que le daim curieux, qui piétinait sur ses fuseaux d'acier, s'arrêtait au milieu d'une allée pour regarder cet objet inconnu, couché sous un arbre, et qui lui conseillait de fuir au plus vite.

Une fois debout, Gilbert sentit qu'il avait faim; il n'avait pas voulu, on se le rappelle, dîner la veille avec Zamore, de sorte que, depuis son déjeuner dans les mansardes de Versailles, il n'avait rien pris. En se retrouvant sous les arceaux d'une forêt, lui l'intrépide arpenteur des grands bois de la Lorraine et de la Champagne, il se crut encore sous les massifs de Taverney ou dans les taillis de Pierrefitte, réveillé par l'aurore après un affût nocturne entrepris pour Andrée.

Mais alors, il trouvait toujours près de lui quelque perdreau surpris au rappel, quelque faisan tué au branché, tandis que cette fois, il ne voyait à sa portée que son chapeau, déjà fort maltraité par la route et achevé par l'humidité du matin.

Ce n'était donc pas un rêve qu'il avait fait, comme il l'avait cru d'abord en se réveillant. Versailles et Luciennes étaient une réalité, depuis son entrée triomphale dans l'une jusqu'à sa sortie effarouchée de l'autre.

Puis, ce qui le ramena de plus en plus à la réalité, ce fut une faim de plus en plus croissante, et par conséquent, de plus en plus aiguë.

Machinalement alors il chercha autour de lui ces mûres savoureuses, ces prunelles sauvages, ces croquantes racines de ses forêts, dont le goût, pour être plus âpre que celui de la rave, n'en est pas moins agréable aux bûcherons, qui vont le matin chercher leurs outils sur l'épaule, le canton du défrichement.

Mais outre que ce n'était point la saison encore, Gilbert ne reconnut autour de lui que des frênes, des ormes, des châtaigniers, et ces éternelles glandées qui se plaisent dans les sables.

— Allons, allons, se dit Gilbert à lui-même, j'irai droit à Paris. Je puis en être encore à trois ou quatre lieues, à cinq tout au plus, c'est une route de deux heures. Qu'importe que l'on souffre deux heures de plus quand on est sûr de ne plus souffrir après ; à Paris tout le monde a du pain, et en voyant un jeune homme honnête et laborieux, le premier artisan que je rencontrerai ne me refusera point du pain pour du travail.

En un jour, à Paris, on trouvera le repas du lendemain, que me faut-il de plus? Rien, pourvu que chaque lendemain me grandisse, m'élève et me rapproche... du but où je veux atteindre.

Gilbert doubla le pas; il voulait regagner la grande route, mais il avait perdu tout moyen de s'orienter. A Taverney et dans tous les bois environnants, il connaissait l'orient et l'occident; chaque rayon de soleil lui était un indice d'heure et de chemin. La nuit, chaque étoile, tout inconnue qu'elle lui fût, sous son nom de Vénus, de Saturne ou de Lucifer, lui était un guide. Mais dans ce monde nouveau, il ne connaissait pas plus les choses que les hommes, et il fallait trouver, au milieu des uns et des autres, son chemin, en tâtonnant au hasard.

— Heureusement, se dit Gilbert, j'ai vu des poteaux où les routes sont indiquées.

Et il s'avança jusqu'au carrefour, où il avait vu ces poteaux indicateurs.

Il y en avait trois en effet, l'un conduisait au Marais-Jaune, l'autre au Champde-l'Allouette, le troisième au Trou-Salé.

Gilbert était un peu moins avancé qu'auparavant ; il courut trois heures sans pouvoir sortir du bois, renvoyé du Rond du Roi au carrefour des Princes.

La sueur ruisselait de son front, vingt fois il avait mis bas son habit et sa veste pour escalader quelque châtaignier colossal, mais arrivé à sa cime, il n'avait vu que Versailles, tantôt à sa droite, Versailles tantôt à sa gauche. Versailles vers lequel il semblait qu'une fatalité le ramenât constamment.

A demi fou de rage, n'osant s'engager

sur la grande route dans la conviction que Luciennes tout entier courait après lui, Gilbert, gardant toujours le centre des bois, finit par dépasser Viroflay, puis Chaville, puis Sèvres.

Cinq heures et demie sonnaient au château de Meudon quand il arriva au couvent des Capucins, situé entre la manufacture et Bellevue ; de là, montant sur une croix au risque de la briser et de se faire rouer, comme Sirven, par arrêt du parlement, il aperçut la Seine, le bourg et la fumée des premières maisons.

Mais à côté de la Seine, au milieu du bourg, devant le seuil de ces maisons, passait la grande route de Versailles, dont il avait tant d'intérêt à s'écarter.

Gilbert, un instant, n'eut plus ni fatigue ni faim. Il voyait, au reste, à l'horizon un grand amas de maisons perdues dans la vapeur matinale; il jugea que c'était Paris, prit sa course de ce côté-là, et ne s'arrêta que lorsqu'il sentit l'haleine prête à lui manquer.

Il se trouvait au milieu du bois de Meudon, entre Fleury et le Plessis-Piquet.

Allons, allons, dit-il en regardant autour de lui, pas de mauvaise honte. Je ne puis manquer de rencontrer quelque ouvrier matinal, de ceux qui s'en vont à leur travail un gros morceau de pain sous le bras. Je lui dirai : — Tous les hommes sont frères, et par conséquent, doivent s'entr'aider. Vous avez là plus de pain qu'il ne vous en faut, non-seulement pour votre déjeuner, mais même pour tout le jour, tandis que moi je meurs de faim. Et alors, il me tendra la moitié de son pain.

La faim rendait Gilbert encore plus philosophe et il continuait ses réflexions mentales.

— En effet, disait-il, tout n'est-il pas commun aux hommes sur la terre ! Dieu, cette source éternelle de toutes choses, a-t-il donné à celui-ci ou à celui-là l'air qui féconde le sol, ou le sol qui féconde les fruits. Non, seulement, plusieurs ont usurpé, mais aux yeux du Seigneur comme aux yeux du philosophe, personne ne possède ; celui qui a, n'est que celui à qui Dieu a prêté.

Et Gilbert ne faisait que résumer avec une intelligence naturelle, ces idées vagues et indécises à cette époque, et que les hommes sentaient flotter dans l'air et passer au dessus de leur tête, comme ces nuages poussés vers un seul point et qui en s'amoncelant, finissent par former une tempête.

— Quelques-uns, reprenait Gilbert tout en suivant sa route, quelques-uns retiennent de force ce qui appartient à tous. Eh! bien, à ceux là on peut arracher de force ce qu'ils n'ont que le droit de partager. Si mon frère qui a trop de pain pour lui me refuse une portion de son pain, eh bien! je... la prendrai de force imitant en cela la loi animale, source de tout bon sens et de toute équité, puisqu'elle dérive de tout besoin naturel. A moins cependant que mon frère ne me dise : cette part que tu réclames est celle de ma femme et de mes enfants; ou bien : je suis le plus fort et je mangerai ce pain malgré toi.

Gilbert était dans ses dispositions de loup

à jeûn, quand il arriva au milieu d'une clairière dont le centre était occupé par une marre aux eaux rousses, bordées de roseaux et de nymphéas.

Sur la pente herbeuse qui descendait jusqu'à l'eau rayée en tous sens par des insectes aux longues pattes, brillaient, comme un semis de turquoises, de nombreuses touffes de myosotis.

Le fond de ce tableau, c'est à dire l'anneau de la circonférence était formé d'une haie de gros trembles; des aunes remplissaient de leur branchage touffu les intervalles que la nature avait mis entre les troncs argentés de leurs dominateurs.

Six allées donnaient entrée dans cette espèce de carrefour; deux semblaient monter jusqu'au soleil, qui dorait la cîme des arbres lointains, tandis que les quatre autres, divergentes comme les rayons d'une étoile, s'enfonçaient dans les profondeurs bleuâtres de la forêt.

Cette espèce de salle de verdure semblait plus fraîche et plus fleurie qu'aucune autre place des bois.

Gilbert y était entré par une des allées sombres.

Le premier objet qu'il aperçut, lorsqu'après avoir embrassé d'un coup d'œil l'horison lointain que nous venons de décrire, il ramena son regard autour de lui, fut, dans le pénombre d'un fossé profond, le tronc d'un arbre renversé sur lequel était assis un homme à perruque grise, d'une physionomie douce et fine, vêtu d'un habit de gros drap brun, de culottes pareilles, d'un gilet de piqué gris à côtes; ses bas de coton gris enfermaient une jambe assez bien faite et nerveuse; ses souliers à boucles poudreux encore par place, avaient cependant été lavés au bout et à la pointe par la rosée du matin.

Près de cet homme sur l'arbre renversé

était une boîte peinte en vert, toute grande ouverte et bourrée de plantes récemment cueillies. Il tenait entre ses jambes une canne de houx, dont la pomme arrondie reluisait dans l'ombre et qui se terminait par une petite bêche de deux pouces de large sur trois de long.

Gilbert embrassa d'un seul coup d'œil les différents détails que nous venons d'exposer; mais ce qu'il aperçut tout d'abord, ce fut un morceau de pain, dont le vieillard cassait les bribes pour les manger, en partageant fraternellement avec les pinsons et les verdiers qui lorgnaient de loin la proie convoitée, s'abattant sur elle aussitôt qu'elle leur était livrée et s'envolant à tire-d'aile au fond de leur massif avec des pépitements joyeux.

Puis, de temps en temps, le vieillard qui les suivait de son œil doux et vif à la fois, plongeait sa main dans un mouchoir à carreaux de couleur, en tirait une cerise, et la savourait entre deux bouchées de pain.

— Bon, voici mon affaire, dit Gilbert en écartant les branches et en faisant quatre pas vers le solitaire qui sortit enfin de sa rêverie.

Mais il ne fut pas au tiers du chemin,

que, voyant l'air doux et calme de cet homme il s'arrêta et ôta son chapeau.

Le vieillard, de son côté s'apercevant qu'il n'était plus seul, jeta un regard rapide sur son costume et sur sa levite.

Il boutonna l'un et ferma l'autre.

IV

Le Botaniste.

Gilbert prit sa résolution et s'approcha tout à fait. Mais il ouvrit d'abord la bouche et la referma sans avoir proféré une parole. Sa résolution chancelait ; il lui sembla qu'il demandait une aumône, et non qu'il réclamait un droit.

Le vieillard remarqua cette timidité ; elle parut le mettre à son aise lui-même.

— Vous voulez me parler, mon ami ? dit-il en souriant et en posant son pain sur l'arbre.

— Oui, monsieur, répondit Gilbert.

— Que désirez-vous ?

— Monsieur, je vois que vous jetez votre pain aux oiseaux, comme s'il n'était pas dit que Dieu les nourrit.

— Il les nourrit sans doute, jeune homme, répondit l'étranger ; mais la main des hommes est un des moyens qu'il emploie pour parvenir à ce but. Si c'est un reproche que vous m'adressez, vous avez tort, car jamais, dans un bois désert ou dans une rue peuplée, le pain que l'on jette n'est perdu. Là, les oiseaux l'emportent; ici, les pauvres le ramassent.

— Eh bien! monsieur, dit Gilbert, singulièrement ému de la voix pénétrante et douce du vieillard, bien que nous soyons ici dans un bois, je connais un homme qui disputerait votre pain aux petits oiseaux.

— Serait-ce vous, mon ami, s'écria le viellard, et par hasard auriez-vous faim?

— Grand faim, monsieur, je vous le jure, et si vous le permettez...

Le vieillard saisit aussitôt le pain avec une compassion empressée. Puis, réfléchissant tout à coup, il regarda Gilbert de son œil à la fois si vif et si profond.

Gilbert, en effet, ne ressemblait pas tellement à un affamé que la réflexion ne fut permise; son habit était propre et cependant en quelques endroits maculé par le contact de la terre. Son linge était blanc, car à Versailles, la veille, il avait tiré une chemise de son paquet, et cependant, cette chemise était fripée par l'humidité, il était donc visible que Gilbert avait passé la nuit dans le bois.

Il avait surtout, et avec tout cela, ces

mains blanches et effilées qui dénotent l'homme des vagues rêveries plutôt que l'homme des travaux matériels.

Gilbert ne manquait point de tact, il comprit la défiance et l'hésitation de l'étranger à son égard, et se hâta d'aller au-devant des conjectures qu'il comprenait ne devoir point lui être favorables.

— On a faim, monsieur, toutes les fois que l'on n'a point mangé depuis douze heures, dit-il, et il y en a maintenant vingt-quatre que je n'ai rien pris.

La vérité des paroles du jeune homme se trahissait par l'émotion de sa physionomie, par le tremblement de sa voix, par la pâleur de son visage.

Le vieillard cessa donc d'hésiter ou plutôt de craindre. Il tendit à la fois son pain et le mouchoir dont il tirait ses cerises.

— Merci, monsieur, dit Gilbert en repoussant doucement le mouchoir, merci, rien que du pain, c'est assez.

Et il rompit en deux le morceau, dont il prit la moitié et rendit l'autre, puis il s'assit sur l'herbe à trois pas du vieillard, qui le regardait avec un étonnement croissant.

Le repas dura peu de temps. Il y avait

peu de pain, et Gilbert avait grand appétit. Le vieillard ne le troubla par aucune parole ; il continua son muet examen, mais furtivement, et en donnant, en apparence du moins, la plus grande attention aux plantes et aux fleurs de sa boîte, qui, se redressant comme pour respirer, relevaient leur tête odorante au niveau du couvercle de fer-blanc.

Cependant, voyant Gilbert s'approcher de la mare, il s'écria vivement :

— Ne buvez pas de cette eau, jeune homme ; elle est infectée par le détritus des plantes mortes l'an dernier, et par les œufs de grenouille qui nagent à sa superficie. Prenez plutôt quelques cerises, elles vous rafraîchiront aussi bien que de l'eau. Prenez, je vous y invite; car vous n'êtes point, je le vois, un convive importun.

— C'est vrai, monsieur, l'importunité est tout l'opposé de ma nature, et je ne crains rien tant que d'être importun. Je viens de le prouver tout à l'heure encore à Versailles.

— Ah! vous venez de Versailles? dit l'étranger en regardant Gilbert.

— Oui, monsieur, répondit le jeune homme.

— C'est une ville riche; il faut être bien

pauvre ou bien fier pour y mourir de faim.

— Je suis l'un et l'autre, monsieur.

— Vous avez eu querelle avec votre maître, demanda timidement l'étranger, qui poursuivait Gilbert de son regard interrogateur, tout en rangeant ses plantes dans sa boîte.

— Je n'ai pas de maître, monsieur.

— Mon ami, dit l'étranger en se couvrant la tête, voici une réponse trop ambitieuse.

— Elle est exacte cependant.

— Non, jeune homme, car chacun a son maître ici-bas, et ce n'est pas entendre justement la fierté que de dire : Je n'ai pas de maître.

— Comment?

— Eh! mon Dieu oui! vieux ou jeunes, tous tant que nous sommes, nous subissons la loi d'un pouvoir dominateur. Les uns sont régis par les hommes, les autres par les principes, et les maîtres les plus sévères ne sont pas toujours ceux qui ordonnent ou frappent avec la voix ou la main humaine.

—Soit, dit Gilbert; alors je suis régi par

des principes, j'avoue cela. Les principes sont les seuls maîtres qu'un esprit pensant puisse avouer sans honte.

— Et quels sont vos principes, voyons ? Vous me paraissez bien jeune, mon ami, pour avoir des principes arrêtés ?

— Monsieur, je sais que les hommes sont frères ; que chaque homme contracte, en naissant, une somme d'obligations relatives envers ses frères. Je sais que Dieu a mis en moi une valeur quelconque, si minime qu'elle soit, et que, comme je reconnais la valeur des autres, j'ai le droit d'exiger des autres qu'ils reconnaissent la mienne, si toutefois je ne l'exagère point.

Tant que je ne fais rien d'injuste et de déshonorant, j'ai donc droit à une portion d'estime, ne fût-ce que par ma qualité d'homme.

— Ah! ah! fit l'étranger, vous avez étudié?

— Non, monsieur, malheureusement; seulement, j'ai lu le *Discours sur l'inégalité des conditions* et le *Contrat Social*. De ces deux livres viennent toutes les choses que je sais, et peut-être tous les rêves que je fais.

A ces mots du jeune homme, un feu éclatant brilla dans les yeux de l'étranger.

Il fit un mouvement qui faillit briser une xéranthème aux brillantes folioles, rebelle à se ranger sous les parois concaves de sa boîte.

— Et tels sont les principes que vous professez?

— Ce ne sont peut-être pas les vôtres, répondit le jeune homme; mais ce sont ceux de Jean Jacques Rousseau.

— Seulement, fit l'étranger avec une défiance trop prononcée pour qu'elle ne fût pas humiliante à l'amour-propre de Gilbert, seulement les avez-vous bien compris?

— Mais, dit Gilbert, je comprends le français, je crois ; surtout quand il est pur et poétique...

— Vous voyez bien que non, dit en souriant le vieillard ; car si ce que je vous demande en ce moment n'est pas précisément poétique, c'est clair, au moins. Je voulais vous demander si vos études philosophiques vous avaient mis à portée de saisir le fond de cette économie du système de...

L'étranger s'arrêta presque rougissant.

— De Rousseau, continua le jeune homme. Oh ! monsieur, je n'ai pas fait ma philosophie dans un collége, mais j'ai un instinct qui m'a révélé parmi tous les livres que j'ai lus l'excellence et l'utilité du *Contrat Social.*

— Aride matière pour un jeune homme, monsieur ; sèche contemplation pour des rêveries de vingt ans ; fleur amère et peu odorante pour une imagination de printemps, dit le vieil étranger avec une douceur triste.

— Le malheur mûrit l'homme avant la saison, monsieur, dit Gilbert, et quant à la rêverie, si on la laisse aller à sa pente naturelle, bien souvent elle conduit au mal.

L'étranger ouvrit ses yeux à demi fermés par un recueillement qui lui était habituel dans ses moments de calme, et qui donnait un certain charme à sa physionomie.

— A qui faites-vous allusion? demanda-t-il en rougissant.

— A personne, monsieur, dit Gilbert.

— Si fait...

— Non, je vous assure.

— Vous me paraissez avoir étudié le philosophe de Genève. Faites-vous allusion à sa vie?

— Je ne le connais pas, répondit candidement Gilbert.

— Vous ne le connaissez pas? L'étranger poussa un soupir. — Allez, jeune homme, c'est une malheureuse créature.

— Impossible. Jean Jacques Rousseau malheureux! Mais il n'y aurait donc plus de justice, ni ici-bas, ni là-haut. Malheureux! l'homme qui a consacré sa vie au bonheur de l'homme!

— Allons, allons! je vois qu'en effet vous ne le connaissez pas; mais, parlons de vous, mon ami, s'il vous plaît.

— J'aimerais mieux continuer de m'éclairer sur le sujet qui nous occupe, car de moi, qui ne suis rien, monsieur, que voulez-vous que je vous dise?

— Et puis vous ne me connaissez point, et vous craignez d'être confiant avec un étranger.

— Oh! monsieur, que puis-je craindre de qui que ce soit au monde et qui peut me faire plus malheureux que je ne suis? Rappelez-vous de quelle façon je me suis présenté à vos yeux : seul, pauvre et affamé.

— Où alliez-vous?

—J'allais à Paris. — Vous êtes Parisien, monsieur?

— Oui, c'est-à-dire non.

— Ah! lequel des deux? demanda Gilbert en souriant.

— J'aime peu à mentir, et je m'aperçois à chaque instant qu'il faut réfléchir avant que de parler. Je suis Parisien, si l'on entend par Parisien l'homme qui habite Paris depuis longtemps et qui vit de la vie parisienne; mais je ne suis pas né dans cette ville. Pourquoi cette question?

— Elle se rattachait dans mon esprit à la conversation que nous venions d'avoir. Je voulais dire que si vous habitez Paris, vous avez dû voir M. Rousseau, dont nous parlions tout à l'heure.

— Je l'ai vu quelquefois, en effet.

— On le regarde quand il passe, n'est-ce pas; on l'admire, on se le montre du doigt comme le bienfaiteur de l'humanité?

— Non, les enfants le suivent et, excités par leurs parents, lui jettent des pierres.

— Ah! mon Dieu! fit Gilbert avec une douloureuse stupéfaction : tout au moins est-il riche?

— Il se demande parfois, comme vous vous le demandiez ce matin: Où déjeunerai-je?

— Mais, tout pauvre qu'il est, il est considéré, puissant, respecté?

— Il ne sait pas, chaque soir, lorsqu'il s'endort, s'il ne se réveillera point le lendemain à la Bastille.

— Oh! comme il doit haïr les hommes!

— Il ne les aime ni ne les hait, il en est dégoûté, voilà tout.

— Ne point haïr les gens qui nous maltraitent! s'écria Gilbert, je ne comprends point cela.

— Rousseau a toujours été libre, monsieur; Rousseau a toujours été assez fort pour ne s'appuyer que sur lui seul, et c'est la force et la liberté qui font les hommes doux et bons, seuls l'esclavage et la faiblesse font les méchants.

— Voilà pourquoi j'ai voulu demeurer libre, dit fièrement Gilbert, je devinais ce que vous venez de m'expliquer.

— On est libre même en prison, mon ami, dit l'étranger; demain Rousseau serait à la Bastille, ce qui lui arrivera un jour ou l'autre, qu'il écrirait ou penserait tout aussi librement que dans les montagnes de la Suisse. Je n'ai jamais cru, quant à moi, que la liberté de l'homme consistât à faire ce qu'il veut, mais bien à ce qu'aucune puissance humaine ne lui fît faire ce qu'il ne veut pas.

— Rousseau a-t-il donc écrit ce que vous dites-là, monsieur?

— Je le crois, dit l'étranger.

— Ce n'est point dans le *Contrat social?*

— Non, c'est dans une publication nouvelle, qu'on appelle les *Rêveries d'un Promeneur solitaire.*

— Monsieur, dit Gilbert avec chaleur, je crois que nous nous rencontrons sur un point.

— Sur lequel?

— C'est que tous deux nous aimons et admirons Rousseau.

— Parlez pour vous, jeune homme, vous êtes dans l'âge des illusions.

— On peut se tromper sur les choses, mais non sur les hommes.

— Hélas! vous le verrez plus tard, c'est sur les hommes surtout qu'on se trompe. Rousseau est peut-être un peu plus juste que les autres hommes; mais, croyez-moi, il a ses défauts, et de fort grands.

Gilbert secoua la tête d'un air qui marquait peu de conviction; mais, malgré cette incivile démonstration, l'étranger continua de le traiter avec la même faveur.

— Revenons à notre point de départ, fit l'étranger. Je disais que vous aviez quitté votre maître à Versailles.

— Et moi, dit Gilbert un peu radouci, moi qui vous ai répondu que je n'avais point de maître, j'aurais pu ajouter qu'il ne tenait qu'à moi d'en avoir un fort illustre, et que je venais de refuser une condition que beaucoup d'autres eussent enviée.

— Une condition?

— Oui, il s'agissait de servir à l'amusement de grands seigneurs désœuvrés; mais j'ai pensé qu'étant jeune, pouvant étudier et faire mon chemin, je ne devais pas perdre ce temps précieux de la jeunesse et compromettre en ma personne la dignité de l'homme.

— C'est bien, dit gravement l'étranger; mais pour faire votre chemin, avez-vous un plan arrêté?

— Monsieur, j'ai l'ambition d'être médecin.

— Belle et noble carrière, dans laquelle on peut choisir entre la vraie science, modeste et martyre, et le charlatanisme effronté, doré, obèse. Si vous aimez la vérité, jeune homme, devenez médecin; si vous aimez l'éclat, faites-vous médecin.

— Mais il faut beaucoup d'argent pour étudier, n'est-ce pas, monsieur?

— Il en faut certainement; mais beaucoup, c'est trop dire.

— Le fait est, reprit Gilbert, que Jean Jacques Rousseau, qui sait tout, a étudié pour rien.

— Pour rien! — Oh! jeune homme, dit le vieillard avec un triste sourire, vous appelez rien ce que Dieu a donné de plus précieux aux hommes: la candeur, la santé, le sommeil; voilà ce qu'a coûté au philosophe genevois le peu qu'il est parvenu à apprendre.

— Le peu! fit Gilbert presque indigné.

— Sans doute; interrogez sur lui, et écoutez ce que l'on vous en dira.

— D'abord c'est un grand musicien.

— Oh! parce que le roi Louis XV a chanté avec passion: *J'ai perdu mon serviteur*, cela ne veut pas dire que le *Devin de village* soit un bon opéra.

— C'est un grand botaniste. Voyez ses lettres dont je n'ai jamais pu me procurer que quelques pages dépareillées, vous devez connaître cela, vous qui cueillez des plantes dans les bois ?

— Oh ! l'on se croit botaniste et souvent l'on n'est...

— Achevez.

— On n'est qu'herboriste... et encore...

— Et qu'êtes-vous ?... Herboriste ou botaniste ?

— Oh ! herboriste bien humble et bien ignorant, en face de ces merveilles de Dieu qu'on appelle les plantes et les fleurs.

— Il sait le latin ?

— Fort mal.

— Cependant, j'ai lu dans une gazette qu'il avait traduit un auteur ancien, nommé Tacite.

— Parce que dans son orgueil, — hélas! tout homme est orgueilleux par moment, — parce que dans son orgueil il a voulu tout entreprendre; mais il le dit lui-même dans l'avertissement de son premier livre, du seul qu'il ait traduit, il entend assez mal le latin, et Tacite, qui est un rude joûteur, l'a bientôt eu lassé. — Non, non, bon jeune homme, en dépit de votre admiration, il n'y a point d'homme universel, et presque toujours, croyez-moi, on perd en profondeur ce que l'on gagne en superficie. Il n'y a si petite rivière qui ne déborde sous un orage et qui n'ait l'air d'un lac. Mais essayez de lui faire porter bateau, et vous aurez bientôt touché le fond.

— Et, à votre avis, Rousseau est un de ces hommes superficiels?

— Oui; peut-être présente-t-il une superficie un peu plus étendue que celle des autres hommes, dit l'étranger, voilà tout.

— Bien des hommes seraient heureux, à mon avis, d'arriver à une superficie semblable.

— Parlez-vous pour moi? demanda l'étranger avec une bonhomie qui désarma à l'instant même Gilbert.

— Ah! Dieu m'en garde, s'écria ce dernier; il m'est trop doux de causer avec vous pour que je cherche à vous désobliger.

— Et en quoi ma conversation vous est-elle agréable, voyons, car je ne crois pas que vous veuillez me flatter pour un morceau de pain et quelques cerises?

— Vous avez raison. Je ne flatterais pas pour l'empire du monde; mais écoutez, vous êtes le premier qui m'avez parlé sans

morgue, avec bonté, comme on parle à
un jeune homme et non comme on parle
à un enfant. Quoique nous ayons été en
désaccord sur Rousseau, il y a derrière la
mansuétude de votre esprit quelque chose
d'élevé qui attire le mien. Il me semble,
quand je cause avec vous, que je suis dans
un riche salon dont les volets sont fermés,
et dont, malgré l'obscurité, je devine
la richesse. Il ne tiendrait qu'à vous de
laisser glisser dans votre conversation
un rayon de lumière, et alors je serais
ébloui.

— Mais vous-même, vous parlez avec
une certaine recherche qui pourrait faire

croire à une meilleure éducation que celle que vous avouez.

— C'est la première fois, monsieur, et je m'étonne moi-même des termes dans lesquels je parle, il y en a dont je connaissais à peine la signification, et dont je me sers pour les avoir entendu dire une fois. Je les avais rencontrés dans les livres que j'avais lus, mais je ne les avais pas compris.

— Vous avez beaucoup lu?

— Trop; mais je relirai.

Le vieillard regarda Gilbert avec étonnement.

—Oui, j'ai lu tout ce qui m'est tombé sous la main, ou plutôt, bons et mauvais livres, j'ai tout dévoré. Oh ! si j'avais eu quelqu'un pour me guider dans mes lectures, pour me dire ce que je devais oublier et ce dont je devais me souvenir !... Mais pardon, monsieur, j'oublie que si votre conversation m'est précieuse, il ne doit pas en être ainsi de la mienne : vous herborisiez, et je vous gêne peut-être?

Gilbert fit un mouvement pour se retirer, mais avec le vif désir d'être retenu. Le vieillard, dont les petits yeux gris étaient fixés sur lui, semblait lire jusqu'au fond de son cœur.

— Non pas, lui dit-il, ma boîte est presque pleine, et je n'ai plus besoin que de quelques mousses; on m'a dit qu'il poussait de beaux capillaires dans ce canton.

— Attendez, attendez, dit Gilbert, je crois avoir vu ce que vous cherchez, tout à l'heure sur une roche.

— Loin d'ici?

— Non, là, à cinquante pas à peine.

— Mais comment savez-vous que les plantes que vous avez vues sont des capillaires?

— Je suis né dans les bois, monsieur;

puis, la fille de celui chez qui j'ai été élevé, s'occupait aussi de botanique; elle avait un herbier, et au-dessous de chaque plante, le nom de cette plante était écrit de sa main. J'ai souvent regardé ces plantes et cette écriture, et il me semble avoir vu des mousses que je ne connaissais, moi, que sous le nom de mousses de roches, désignées sous celui de capillaires.

— Et vous vous sentez du goût pour la botanique?

— Ah! monsieur, quand j'entendais dire par Nicole, — Nicole était la femme de chambre de mademoiselle Andrée, — quand j'entendais dire que sa maîtresse cherchait inutilement quelque plante dans les environs de Taverney, je demandais à Nicole de tâcher de savoir la forme de cette plante. Alors souvent, sans savoir que c'était moi qui avais fait cette demande, mademoiselle Andrée la dessinait en quatre coups de crayon. Nicole aussitôt prenait le dessin et me le donnait. Alors je courais par les champs, par les prés et par les bois jusqu'à ce que j'eusse trouvé la plante en question. Puis, quand je l'avais trouvée, je l'enlevais avec une bêche, et la nuit je la transplantais au milieu de la pelouse; de sorte qu'un beau matin, en se promenant, mademoiselle Andrée jetait un cri de joie, en disant : Ah! mon Dieu! comme c'est étrange, cette plante que j'ai cherchée partout, la voilà.

Le vieillard regarda Gilbert avec plus d'attention qu'il ne l'avait fait encore : et si Gilbert, songeant à ce qu'il venait de dire, n'eût baissé les yeux en rougissant, il eût pu voir que cette attention était mêlée d'un intérêt plein de tendresse.

— Eh bien! lui dit-il, continuez d'étudier la botanique, jeune homme; la botanique vous conduira par le plus court chemin à la médecine. Dieu n'a rien fait d'inutile, croyez-moi, et chaque plante aura un jour sa signification au livre de la science. Apprenez d'abord à connaître les simples, ensuite vous apprendrez quelles sont leurs propriétés.

— Il y a des écoles à Paris, n'est-ce pas?

— Et même des écoles gratuites; l'école de chirurgie, par exemple, est un des bienfaits du règne présent.

— Je suivrai ses cours.

— Rien de plus facile; car vos parents, je le présume, voyant vos dispositions, vous fourniront bien une pension alimentaire.

— Je n'ai pas de parents; mais soyez tranquille, avec mon travail je me nourrirai.

— Certainement, et puisque vous avez lu les ouvrages de Rousseau, vous avez dû voir que tout homme, fût-il le fils d'un prince, doit apprendre un métier manuel.

— Je n'ai pas lu l'*Emile*; car je crois que c'est dans l'*Emile* que se trouve cette recommandation, n'est-ce pas?

— Oui.

— Mais j'ai entendu M. de Taverney qui se raillait de cette maxime et qui regrettait de n'avoir pas fait son fils menuisier.

— Et qu'en a-t-il fait? demanda l'étranger.

— Un officier, dit Gilbert.

Le vieillard sourit.

— Oui, ils sont tous ainsi ces nobles; au lieu d'apprendre à leurs enfants le métier qui fait vivre, ils leur apprennent le métier qui fait mourir. Aussi, vienne une révolution, et à la suite de la révolution l'exil, ils seront obligés de mendier à l'étranger ou de vendre leur épée, ce qui est bien pis encore; mais vous, qui n'êtes pas fils de noble, vous savez un état, je présume?

— Monsieur, je vous l'ai dit, je ne sais rien; d'ailleurs, je vous l'avouerai, j'ai une horreur invincible pour toute besogne imprimant au corps des mouvements rudes et brutaux.

— Ah! dit le vieillard, vous êtes paresseux alors?

— Oh! non, je ne suis pas paresseux; car, au lieu de me faire travailler à quelque œuvre de force, donnez-moi des livres, donnez-moi un cabinet à demi noir, et vous verrez si mes jours et mes nuits ne se consument pas dans le genre de travail que j'aurai choisi.

L'étranger regarda les mains douces et blanches du jeune homme.

— C'est une prédisposition, dit-il, un instinct. Ces sortes de répugnances aboutissent parfois à de bons résultats, mais il faut qu'elles soient bien dirigées. Enfin, continua-t-il, si vous n'avez pas été au collége, vous avez été du moins à l'école?

Gilbert secoua la tête.

— Vous savez lire, écrire?..

— Ma mère, avant de mourir, avait eu le temps de m'apprendre à lire, pauvre mère! car me voyant frêle de corps elle disait toujours: Ça ne fera jamais un bon ouvrier, il faut en faire un prêtre ou un savant. Quand j'avais quelque répugnance à écouter ses leçons, elle me disait : Apprends à lire, Gilbert, et tu ne fendras pas de bois, tu ne conduiras pas la charrue, tu ne tailleras pas de pierres, et j'apprenais. Malheureusement, je savais à peine lire lorsque ma mère mourut.

— Et qui vous apprit à écrire?

— Moi-même.

— Vous-même?

— Oui, avec un bâton que j'aiguisais et du sable que je faisais passer au tamis pour qu'il fût plus fin. Pendant deux ans, j'écrivis comme on imprime, copiant dans un livre, et ignorant qu'il y eût d'autres caractères que ceux que j'étais parvenu à imiter avec assez de bonheur. Enfin, un jour, il y a trois ans à peu près, mademoiselle Andrée était partie pour le couvent; on n'en avait plus de nouvelles depuis quelques jours, quand le facteur me remit une lettre d'elle pour son père. Je vis alors qu'il existait d'autres caractères que les caractères imprimés. M. de Taverney brisa le cachet et jeta l'enveloppe; cette enveloppe, je la ramassai précieusement, et je l'emportai, puis la première fois que revint le facteur, je me fis lire l'adresse; elle était conçue en ces termes :

« A monsieur le baron de Taverney-

Maison-Rouge, en son château, par Pierrefitte. »

Sur chacune de ces lettres, je mis la lettre correspondante en caractère imprimé, et je vis que sauf trois, toutes les lettres de l'alphabet étaient contenues dans ces deux lignes. Puis j'imitai les lettres tracées par mademoiselle Andrée. Au bout de huit jours, j'avais reproduit cette adresse dix mille fois peut-être et je savais écrire. J'écris donc passablement et même plutôt bien que mal. Vous voyez, monsieur, que mes espérances ne sont pas exagérées, puisque je sais lire, puisque je sais écrire, puisque j'ai lu tout ce qui m'est tombé sous la main, puisque j'ai essayé de réfléchir sur tout ce que j'ai lu. Pourquoi ne trouverais-je point un homme qui ait besoin de ma plume, un aveugle qui ait besoin de mes yeux, ou un muet qui ait besoin de ma langue?

— Vous oubliez qu'alors vous auriez un maître, vous qui n'en voulez pas avoir. Un secrétaire ou un lecteur sont des domestiques de second ordre et pas autre chose.

— C'est vrai, murmura Gilbert en pâlissant; mais n'importe, il faut que j'arrive. Je remuerai les pavés de Paris, je porterai de l'eau, s'il le faut, mais j'arriverai ou je mourrai en route, et alors mon but sera atteint de même.

— Allons! allons! dit l'étranger, vous me paraissez être, en effet, plein de bonne volonté et de courage.

— Mais vous-même, voyons, dit Gilbert, vous-même, si bon pour moi, n'exercez-vous pas une profession quelconque? Vous êtes vêtu comme un homme de finance.

Le vieillard sourit de son sourire doux et mélancolique.

— J'ai une profession, dit-il; oui, c'est vrai, car tout homme doit en avoir une, mais elle est entièrement étrangère aux choses de finances. Un financier n'herboriserait point.

— Herborisez-vous par état ?

— Presque.

— Alors, vous êtes pauvre ?

— Oui.

— Ce sont les pauvres qui donnent, car la pauvreté les a rendus sages, et un bon conseil vaut mieux qu'un louis d'or. Donnez-moi donc un conseil.

— Je ferai mieux peut-être.

Gilbert sourit.

— Je m'en doutais, dit-il.

— Combien croyez-vous qu'il vous faille pour vivre ?

— Oh ! bien peu.

— Peut-être ne connaissez-vous point Paris ?

— C'est la première fois que je l'ai aperçu hier, des hauteurs de Luciennes.

— Alors, vous ignorez qu'il en coûte cher pour vivre dans la grande ville ?

— Combien à peu près ?... établissez-moi une proportion.

— Volontiers. Tenez par exemple, ce qui coûte un sou en province, coûte trois sous à Paris.

— Eh bien ! dit Gilbert, en supposant un abri quelconque où je puisse me reposer après avoir travaillé, il me faut pour la vie matérielle six sous par jour à peu près.

— Bien ! bien ! mon ami, s'écria l'étranger. Voilà comme j'aime l'homme. Venez avec moi à Paris et je vous trouverai une profession indépendante, à l'aide de laquelle vous vivrez.

— Ah ! monsieur ! s'écria Gilbert ivre de joie.

Puis se reprenant :

— Il est bien entendu que je travaillerai réellement et que ce n'est point une aumône que vous me faites.

— Non pas. Oh ! soyez tranquille, mon enfant. Je ne suis pas assez riche pour faire l'aumône, et pas assez fou surtout pour la faire au hasard.

— A la bonne heure, dit Gilbert que cette boutade misanthropique mettait à l'aise au lieu de le blesser. Voilà un langage que j'aime. J'accepte votre offre et je vous en remercie.

— C'est donc convenu que vous venez à Paris avec moi ?

— Oui, monsieur, si vous le voulez bien.

— Je le veux, puisque je vous l'offre.

— A quoi serai-je tenu envers vous?

— A rien... qu'à travailler ; et encore, c'est vous qui réglerez votre travail ; vous aurez le droit d'être jeune, le droit d'être heureux, le droit d'être libre, et même le droit d'être oisif, quand vous aurez gagné vos loisirs, dit l'étranger en souriant comme malgré lui. Puis levant les yeux au ciel: O jeunesse! ô vigueur! ô liberté! ajouta-t-il avec un soupir.

— Et à ces mots, une mélancolie d'une

poésie inexprimable se répandit sur ses traits fins et purs.

Puis il se leva, s'appuyant sur son bâton.

— Et maintenant, dit-il plus gaîment, maintenant que vous avez une condition, vous plaît-il que nous remplissions une seconde boîte de plantes? J'ai ici des feuilles de papier gris sur lesquelles nous classerons la première récolte. Mais, à propos, avez-vous encore faim? Il me reste du pain.

— Gardons-le pour l'après-midi, s'il vous plaît, monsieur.

— Tout au moins, mangez les cerises; elles nous embarrasseraient.

— Comme cela je le veux bien; mais permettez que je porte votre boîte, vous marcherez plus à l'aise, et je crois, grâce à l'habitude, que mes jambes lasseraient les vôtres.

— Mais, tenez, vous me portez bonheur; je crois voir là bas le *vicris hieracioïdes* que je cherche inutilement depuis le matin; et, sous votre pied, prenez garde! le *cerastium aquaticum*. Attendez! attendez! n'arrachez pas! Oh! vous n'êtes pas encore herboriste, mon jeune ami : l'une est trop humide en ce moment pour être cueillie; l'autre n'est point assez avancée. En repassant ce soir, à trois heures, nous arracherons le *vicris hieracioïdes*, et quant au *cerastium*, nous le prendrons dans huit jours. D'ailleurs, je veux le montrer sur pied à un savant de mes amis, dont je compte solliciter pour vous la protection. Et maintenant, venez et conduisez-moi à cet endroit dont vous me parliez tout à l'heure, et où vous avez vu de beaux capillaires.

Gilbert marcha devant sa nouvelle connaissance ; le vieillard le suivit, et tous deux disparurent dans la forêt.

V

Monsieur Jacques.

Gilbert, enchanté de cette bonne fortune qui, dans ses moments désespérés, lui faisait toujours trouver un soutien, Gilbert, disons-nous, marchait devant, se retournant de temps en temps vers l'homme étrange qui venait de le rendre si souple et si docile avec si peu de mots.

Il le conduisit ainsi vers ses mousses, qui étaient en effet de magnifiques capillaires. Puis, lorsque le vieillard en eut fait collection, ils se remirent en quête de plantes nouvelles.

Gilbert était beaucoup plus avancé en botanique qu'il ne le croyait lui-même. Né au milieu des bois, il connaissait comme des amies d'enfance toutes les plantes des bois; seulement, il les connaissait sous leurs noms vulgaires. A mesure qu'il les désignait ainsi, son compagnon les lui indiquait, lui, sous leur nom scientifique, que Gilbert, en retrouvant une plante de la même famille, essayait de répéter. Deux ou trois fois, il estropiait ce nom grec ou latin. Alors, l'étranger le lui décomposait, lui montrait les rapports du sujet avec ces mots décomposés, et Gilbert apprenait ainsi non-seulement le nom de la plante, mais encore la signification du mot grec ou latin, dont Pline, Linnée ou de Jussieu avaient baptisé cette plante.

De temps en temps il disait :

— Quel malheur, monsieur, que je ne puisse pas gagner mes six sous à faire ainsi de la botanique toute la journée avec vous. Je vous jure que je ne me reposerais pas un seul instant; et même il ne faudrait pas six sous: un morceau de pain comme celui que vous aviez ce matin suffirait à mon appétit de toute la journée. Je viens de boire à une source de l'eau aussi bonne qu'à Taverney, et la nuit dernière, au pied de l'arbre où j'ai couché, j'ai bien mieux dormi que je ne l'eusse fait sous le toit d'un beau château.

L'étranger souriait.

— Mon ami, disait-il, l'hiver viendra : les plantes sécheront, la source sera glacée, le vent du nord sifflera dans les arbres dépouillés, au lieu de cette douce brise qui agite si mollement les feuilles. Alors, il vous faudra un abri, des vêtements, du feu, et sur vos six sous par jour, vous n'auriez pu économiser une chambre, du bois et des habits.

Gilbert soupirait, cueillait de nouvelles plantes et faisait de nouvelles questions.

Ils coururent ainsi une bonne partie du jour dans les bois d'Aulnay, du Plessis-Piquet et de Clamart-sous-Meudon.

Gilbert, selon son habitude, s'était déjà mis avec son compagnon sur le pied de la familiarité. De son côté, le vieillard questionnait avec une admirable adresse ; cependant, Gilbert, défiant, circonspect, craintif, se révélait le moins possible.

A Châtillon, l'étranger acheta du pain et du lait dont il fit sans peine accepter la moitié à son compagnon ; puis tous deux prirent le chemin de Paris, afin que Gilbert, de jour encore, pût entrer dans la ville.

Le cœur du jeune homme battait à cette seule idée d'être à Paris, et il ne chercha point à cacher son émotion, lorsque, des hauteurs de Vanvres, il aperçut Sainte-Geneviève, les Invalides, Notre-Dame et cette mer immense de maisons dont les flots épars vont, comme une marée, battre les flancs de Montmartre, de Belleville et de Ménilmontant.

— O! Paris, Paris murmura-t-il.

— Oui, Paris, un amas de maisons, un gouffre de maux, dit le vieillard. Sur chacune des pierres qu'il y a là bas, vous verriez sourdre une larme ou rougir une goutte de sang, si les douleurs que ses murs renferment pouvaient apparaître au dehors.

Gilbert réprima son enthousiasme. D'ailleurs, son enthousiame tomba bientôt de lui-même.

Ils entrèrent par la barrière d'Enfer. Le faubourg était sale et infect; des malades qu'on portait à l'hôpital passaient sur des civières; des enfants à demi nus jouaient dans la fange avec des chiens, des vaches et des porcs.

Le front de Gilbert se rembrunissait.

— Vous trouvez tout cela hideux, n'est-ce pas? dit le vieillard. Eh bien! ce spectacle, vous ne le verrez même plus tout à l'heure. C'est encore une richesse qu'un porc et qu'une vache; c'est encore une joie qu'un enfant. Quant à la fange, vous la trouverez, elle, toujours et partout.

Gilbert n'était pas mal disposé à voir Paris sous un jour sombre; il accepta donc le tableau tel que son compagnon le lui faisait.

Quant à ce dernier, prolixe d'abord dans sa déclamation, il était devenu peu à peu et à mesure qu'il avançait vers le centre de la ville, silencieux et muet. Il paraissait si soucieux que Gilbert n'osa point lui demander quel était ce jardin qu'on apercevait à travers la grille, quel était ce pont sur lequel on passait la Seine. Ce jardin, c'était le Luxembourg ; ce pont, c'était le pont Neuf.

Cependant, comme on marchait toujours, et que l'étranger paraissait pousser la rêverie jusqu'à l'inquiétude, Gilbert se hasarda de dire;

— Logez-vous encore bien loin, monsieur?

— Nous approchons, dit l'étranger que cette question sembla rendre encore plus morose.

Ils côtoyèrent, rue du Four, le magnifique hôtel de Soissons, dont les bâtiments avaient vue et entrée principale sur cette rue, mais dont les jardins splendides s'étendaient sur celles de Grenelle et des Deux-Écus.

Gilbert passa devant une église qui lui

parut fort belle. Il s'arrêta un instant à la regarder.

— Voilà un beau monument, dit-il.

— C'est Saint Eustache, dit le vieillard.

Puis, levant la tête:

— Il est huit heures! s'écria-t-il. Oh! mon Dieu! mon Dieu! venez vite, jeune homme, venez.

L'étranger allongea le pas, Gilbert le suivit.

— A propos, dit l'étranger après quelques instants d'un silence si froid qu'il commençait à inquiéter Gilbert, j'oubliais de vous dire que je suis marié.

— Ah ! fit Gilbert.

—Oui, et que ma femme, en véritable Parisienne, va sans doute gronder de ce que nous rentrons tard, en outre, je dois vous le dire, elle se défie des étrangers.

— Vous plaît-il que je me retire, monsieur? dit Gilbert, dont cette parole glaça tout à coup l'expansion.

— Non pas, non pas, mon ami; je vous ai invité à venir chez moi, venez.

— Je vous suis, dit Gilbert.

— Là, à droite, par ici, nous y sommes.

Gilbert leva les yeux, et, aux derniers rayons du jour mourant, il lut, à l'angle de la place, au dessus de la boutique d'un épicier, ces mots :

— *Rue Plastrière.*

L'étranger continua d'accélérer sa marche, car plus il se rapprochait de sa maison, plus redoublait cette agitation fébrile que nous avons signalée, Gilbert, qui ne voulait pas le perdre de vue, se heurtait à chaque seconde, soit aux passants, soit aux fardeaux des colporteurs, soit aux timons des voitures et aux brancards des charrettes.

Son conducteur semblait l'avoir oublié complètement : il trottait menu, visiblement absorbé dans une idée fâcheuse.

Enfin, il s'arrêta devant une porte d'allée dont la partie supérieure était grillée.

Un petit cordonnet sortait par un trou, le vieillard tira le cordonnet, la porte s'ouvrit.

Il se retourna alors et voyant Gilbert indécis sur le seuil.

— Venez vite, dit-il.

Et il referma la porte sur eux.

Au bout de quelques pas faits dans l'obscurité, Gilbert heurta la première marche d'un escalier raide et noir. Le vieillard, habitué aux localités, avait déjà franchi une douzaine de degrés.

Gilbert le rejoignit, monta tant qu'il monta, s'arrêta quand il s'arrêta.

C'était sur un paillasson usé par le frottement, sur un palier percé de deux portes.

L'étranger tira un pied de biche suspendu à un cordon de rideaux, et une aigre sonnette retentit dans l'intérieur d'une chambre. Alors, le pas traînard d'un personnage en savattes traîna sur le carreau et la porte s'ouvrit.

Une femme de cinquante à cinquante-cinq ans parut sur le seuil.

Deux voix se mêlèrent soudain, l'une était celle de l'étranger, l'autre était celle de cette femme qui venait d'ouvrir la porte.

L'une de ces deux voix disait timidement :

—Est-ce qu'il est trop tard, bonne Thérèse ?

L'autre grommelait :

—Vous nous faites souper à une belle heure, Jacques.

— Allons, allons, nous allons réparer tout cela répondit affectueusement l'étranger en fermant la porte et en prenant des mains de Gilbert la boîte de fer blanc.

— Bon ! un commissonnaire, s'écria la vieille ; il ne manquait plus que cela. Ainsi donc, voilà que vous ne pouvez plus porter vous-même tous vos embarras d'herbages. Un commissionnaire à monsieur Jacques ! Excusez ! monsieur Jacques devient grand seigneur.

— Allons, allons, répondit celui qu'on interpellait si rudement sous le nom de Jacques en rangeant patiemment ses plantes sur la cheminée; allons, un peu de calme, Thérèse.

— Payez-le au moins et renvoyez-le, que nous n'ayons pas d'espion ici.

Gilbert devint pâle comme la mort et bondit vers la porte. Jacques l'arrêta.

— Monsieur, dit-il, avec une certaine fermeté, n'est pas un commissionnaire et encore moins un espion. C'est un hôte que j'amène.

Les bras de la vieille retombèrent le long de ses hanches.

— Un hôte, dit-elle, il ne nous manquait plus que cela.

— Voyons, Thérèse, reprit l'étranger d'une voix encore affectueuse, mais dans laquelle la nuance de la volonté se faisait sentir de plus en plus, allumez une chandelle. J'ai chaud et nous avons soif.

La vieille fit entendre un murmure qui assez élevé d'abord, alla en décroissant.

Puis elle atteignit un briquet qu'elle battit au-dessus d'une boîte remplie d'amadou ; les étincelles jaillirent aussitôt et embrâsèrent toute la boîte.

Pendant le temps qu'avait duré le dialogue, pendant les murmures et le silence qui les avait suivis, Gilbert était resté immobile, muet, et comme cloué à deux pas de cette porte qu'il commençait à regretter bien sincèrement d'avoir franchie.

Jacques s'aperçut de ce que souffrait le jeune homme.

— Avancez, monsieur Gilbert, je vous en prie, dit-il.

La vieille, pour voir celui à qui son mari parlait avec cette politesse affectée, détourna sa jaune et morose figure. Gilbert la vit aux premiers rayons de la maigre chandelle réveillée dans sa gaîne de cuivre.

Cette figure ridée, couperosée et comme

infiltrée en quelques endroits de fiel, ce visage aux yeux plus vifs que vivants, plus lubriques que vifs ; cette plate douceur, répandue sur des traits vulgaires, douceur que démentaient si bien la voix et l'accueil de la vieille, inspirèrent du premier coup à Gilbert, une violente antipathie.

De son côté, la vieille fut loin de trouver de son goût le visage pâle et fin, le silence circonspect et la raideur du jeune homme.

— Je crois bien que vous avez chaud et que vous devez avoir soif, messieurs, dit-elle. En effet, passer sa journée à l'ombre des bois, c'est si fatigant, puis se baisser de temps en temps pour cueillir une herbe voilà un travail ! Car monsieur herborise aussi, sans doute : c'est le métier de ceux qui n'en ont pas.

— Monsieur, répondit Jacques d'une voix de plus en plus ferme, est un bon et loyal jeune homme, qui m'a fait l'honneur de sa compagnie toute la journée et que ma bonne Thérèse, j'en suis sûr, va recevoir comme un ami.

— Il y a de quoi pour deux, grommela Thérèse, et non pour trois.

— Je suis sobre et lui aussi, dit Jacques.

— Oui, oui, c'est bon. Je connais cette

sobriété là. Je vous déclare qu'il n'y a pas assez de pain à la maison pour la nourrir votre double sobriété, et que je ne descendrai pas trois étages pour en chercher. D'ailleurs, à l'heure qu'il est, le boulanger est fermé.

— Alors c'est moi qui descendrai, dit Jacques en fronçant le sourcil. Ouvrez-moi la porte, Thérèse.

— Mais....

— Je le veux !

— C'est bien ! c'est bien ! dit alors la vieille en grommelant, mais en cédant toutefois au ton absolu auquel son opposition avait graduellement conduit Jacques. Ne suis-je pas là pour faire tous vos caprices ?... Voyons, on fera assez de ce qu'il y aura. Venez souper.

— Asseyez-vous près de moi, dit Jacques à Gilbert en le conduisant près d'une petite table dressée dans la chambre voisine, et sur laquelle, à côté de deux couverts, deux serviettes roulées et attachées, l'une avec un cordon rouge, et l'autre avec un cordon blanc, indiquaient la place de chacun des maîtres du logis.

Cette chambre, exiguë et carrée, était tapissée d'un petit papier bleu pâle, à dessins blancs. Deux grandes cartes de géographie ornaient les murailles. Le reste de l'ameublement se composait de six chaises en bois de merisier, à siège de paille, de la table en question et d'un chiffonnier rempli de bas raccommodés.

Gilbert s'assit, la vieille plaça devant lui une assiette et lui apporta un couvert usé par le service, puis elle ajouta à ces divers ustensiles un gobelet d'étain soigneusement poli.

— Vous ne descendez pas, demanda Jacques à sa femme.

—C'est inutile, fit-elle d'un ton bourru qui indiquait la rancune qu'elle conservait à Jacques de la victoire remportée sur elle ; c'est inutile, j'ai retrouvé un demi-pain dans l'armoire. Cela nous fait une livre et demi à peu près il faudra qu'on en fasse assez.

En disant ces mots, elle posa le potage sur la table.

Jacques fut servi le premier, puis Gilbert, la vieille mangea dans la soupière.

Tous trois avaient grand appétit. Gilbert tout intimidé de la discussion d'économie domestique à laquelle il avait donné lieu, mettait au sien tous les freins imaginables. Cependant, il eut le premier mangé la soupe.

La vieille jeta sur son assiette prématurément vide un regard tout courroucé.

— Qui est venu aujourd'hui ? demanda Jacques pour changer les idées de Thérèse.

—Oh! fit celle-ci, toute la terre, comme d'habitude. Vous aviez promis à madame de Boufflers ses quatre cahiers, à madame d'Escars ses deux airs, un quatuor avec accompagnement à madame de Penthièvre. Les unes sont venues elles-mêmes, les autres ont envoyé. Mais quoi, monsieur herborisait, et comme on ne peut pas s'amuser et travailler en même temps, ces dames se sont passées de leur musique.

Jacques ne dit pas un mot, au grand

étonnement de Gilbert, qui s'attendait à le voir se fâcher. Mais comme il était seul en jeu cette fois, il ne sourcilla point.

A la soupe, succéda un petit morceau de bœuf bouilli servi sur un petit plat de fayence tout rayé par la pointe tranchante des couteaux.

Jacques servit Gilbert assez modestement, car il était sous l'œil de Thérèse, puis, il prit pour lui un morceau à peu près pareil et passa le plat à la ménagère.

Celle-ci prit le pain et en coupa un morceau à Gilbert.

Ce morceau était si exigu que Jacques

en rougit ; il attendit que Thérèse eût achevé de le servir lui et de se servir elle-même, puis lui reprenant le pain des mains :

— C'est vous qui taillerez votre pain vous-même, mon jeune ami, et taillez-le à votre faim, je vous prie ; le pain ne doit être mesuré qu'à ceux qui le perdent.

Un moment après, parurent des haricots verts assaisonnés au beurre ;

— Voyez comme ils sont verts, dit Jacques, ce sont de nos conserves on les mange excellents ici.

Et il passa le plat à Gilbert.

— Merci, monsieur, dit celui-ci, j'ai bien dîné, je n'ai plus faim.

— Monsieur n'est pas de votre avis sur mes conserves, dit aigrement Thérèse; il aimerait mieux des haricots frais, sans doute, mais ce sont des primeurs au-dessus de notre bourse.

— Non, madame, dit Gilbert, je les trouve appétissants, au contraire, et je les aimerais fort, mais je ne mange jamais que d'un plat.

— Et vous buvez de l'eau? dit Jacques en lui tendant la bouteille.

— Toujours, monsieur.

Jacques se versa un doigt de vin pur.

— Maintenant, ma femme, dit-il en reposant la bouteille sur la table, vous vous occuperez, je vous prie, de coucher; ce jeune homme; il doit être bien las.

Thérèse laissa échapper sa fourchette et fixa ses deux yeux effarés sur son mari.

— Coucher! êtes-vous fou? Vous amenez quelqu'un à coucher! C'est donc dans votre lit que vous le coucherez? Mais, en vérité, il perd la tête. Alors vous allez tenir pension désormais? En ce cas, ne comptez plus sur moi; cherchez une cuisinière et une servante; c'est bien assez d'être la vôtre, sans devenir aussi celle des autres.

— Thérèse, répondit Jacques de son ton grave et ferme, Thérèse, je vous prie de m'écouter, chère amie: c'est pour une nuit seulement. Ce jeune homme n'a jamais mis pied à Paris; il y vient sous ma conduite. Je ne veux pas qu'il couche à l'auberge, je ne le veux pas, dût-il prendre mon lit, comme vous le dites.

Après cette seconde manifestation de sa volonté, le vieillard attendit.

Alors Thérèse, qui l'avait regardé avec attention, et qui, tandis qu'il parlait, paraissait étudier chaque muscle de son visage, sembla comprendre qu'il n'y avait pas de lutte possible en ce moment, et changea de tactique subitement.

Elle eût échoué en s'obstinant à combattre contre Gilbert ; elle se mit à combattre pour lui : il est vrai que c'était en alliée bien près de trahir.

— Au fait, dit-elle, puisque ce jeune monsieur vous a accompagné ici, c'est que vous le connaissez bien, et mieux vaut qu'il reste chez nous. Je ferai tant bien que mal un lit dans votre cabinet, près des liasses de papier.

— Non, non, dit Jacques vivement ; un cabinet n'est point un endroit où l'on couche. On peut mettre le feu à ces papiers.

— Beau malheur ! murmura Thérèse.

Puis tout haut.

— Dans l'antichambre, alors, devant le buffet.

— Non plus.

— Alors, je vois que malgré notre bonne volonté à tous deux ce sera impossible ; car, à moins que de prendre votre chambre ou la mienne...

— Il me semble, Thérèse, que vous ne cherchez pas bien.

— Moi ?

— Sans doute. N'avons-nous point la mansarde?

— Le grenier, voulez vous dire?

— Non, ce n'est pas un grenier, c'est un cabinet un peu mansardé, mais sain, avec une vue sur des jardins magnifiques, ce qui est rare à Paris.

— Oh! qu'importe, monsieur, dit Gilbert, fût-ce un grenier, je m'estimerai encore heureux, je vous jure.

— Pas du tout, pas du tout, dit Thérèse. Tiens, c'est là que j'étends mon linge.

— Ce jeune homme n'y dérangera

rien Thérèse. N'est-ce pas, mon ami, vous veillerez à ce qu'il n'arrive aucun accident au linge de cette bonne ménagère. Nous sommes pauvres, et toute perte nous est lourde.

— Oh! soyez tranquille, monsieur.

Jacques se leva et s'approcha de Thérèse.

— Je ne veux pas, voyez-vous, chère amie, que ce jeune homme se perde. Paris est un séjour pernicieux; ici nous le surveillerons.

— C'est donc une éducation que vous faites. Il paiera donc pension votre élève?

— Non, mais je vous réponds qu'il ne vous coûtera rien. A partir de demain, il se nourrira lui-même. Quant au logement, comme la mansarde nous est à peu près inutile, faisons-lui cette charité.

— Comme tous les paresseux s'entendent ! murmura Thérèse en haussant les épaules.

— Monsieur, dit Gilbert plus fatigué que son hôte lui-même de cette lutte qu'il livrait pied à pied, pour une hospitalité qui l'humiliait, je n'ai jamais gêné personne, et je ne commencerai, certes, point par vous, qui avez été si bon pour moi.

Ainsi, permettez que je me retire. J'ai aperçu, du côté du pont que nous avons traversé, des arbres sous lesquels il y a des bancs. Je dormirai fort bien, je vous assure, couché sur un de ces bancs.

— Oui, dit Jacques, pour que le guet vous arrête comme un vagabond.

— Qu'il est, dit tout bas Thérèse en desservant.

— Venez, venez, jeune homme, dit Jacques, il y a là-haut, autant que je puis m'en souvenir, une bonne paillasse. Cela vaudra toujours mieux qu'un banc ; et puisque vous vous contenteriez d'un banc...

— Oh! monsieur, je n'ai jamais couché que sur des paillasses, dit Gilbert, puis revenant sur cette vérité par un petit mensonge.

— La laine m'échauffe trop, continua-t-il.

Jacques sourit.

— La paille est en effet rafraîchissante, dit-il, prenez sur la table un bout de chandelle et suivez-moi.

Thérèse ne regarda même plus du côté de Jacques. Elle poussa un soupir, elle était vaincue.

Gilbert se leva gravement et suivit son protecteur.

En traversant l'antichambre, Gilbert vit une fontaine.

— Monsieur, dit-il, l'eau est-elle chère, à Paris?

— Non, mon ami; mais fût-elle chère, l'eau et le pain sont deux choses que l'homme n'a pas le droit de refuser à l'homme qui les demande.

— Oh! c'est qu'à Taverney l'eau ne coûtait rien, et le luxe du pauvre, c'est la propreté.

— Prenez, mon ami, prenez, dit Jacques en indiquant du doigt à Gilbert un grand pot de faïence, prenez.

Et il précéda le jeune homme en s'étonnant de trouver, dans un enfant de cet âge, toute la fermeté du peuple unie à tous les instincts de l'aristocratie.

VI

La mansarde de M. Jacques.

L'escalier déjà étroit et difficile, au bout de l'allée, à la place où Gilbert en avait heurté la première marche, devenait de plus en plus difficile et de plus en plus étroit, à partir du troisième étage qu'habitait Jacques. Celui-ci et son protégé arrivèrent donc péniblement à un vrai grenier. Cette fois, c'était Thérèse qui avait eu raison ; c'était bien un vrai grenier coupé en quatre compartiments dont trois étaient inhabités.

Il est vrai de dire que tous, même celui destiné à Gilbert, étaient inhabitables.

Le toit s'abaissait si rapidement à partir du comble qu'il formait avec le plancher un angle aigu. Au milieu de cette pente, une lucarne fermée d'un mauvais châssis sans vitres, donnait le jour et l'air : le jour chichement, l'air à profusion, surtout par les vents d'hiver.

Heureusement que l'on touchait à l'été, et cependant, malgré le doux voisinage de la chaude saison, la chandelle que tenait Jacques faillit s'éteindre lorsqu'ils pénétrèrent dans le grenier.

La paillasse dont avait fastueusement parlé Jacques, gisait en effet à terre et s'offrait tout d'abord aux regards comme le meuble principal de la chambre. Ça et là des piles de vieux papiers imprimés, jaunis sur leurs tranches s'élevaient au milieu d'un amas de livres rongés par les rats.

A deux cordes placées transversalement et à la première desquelles faillit s'étrangler Gilbert, crépitaient en dansant au vent de la nuit des sacs de papier renfermant des haricots séchés dans leurs gousses, des herbes aromatiques et des linges de ménage mêlés à de vieilles hardes de femme.

— Ce n'est pas beau, dit Jacques; mais le sommeil et l'obscurité rendent égaux aux plus somptueux palais les plus pauvres chaumières. Dormez comme on dort à votre âge, mon jeune ami, et rien ne vous empêchera de croire demain matin que vous avez dormi dans le Louvre.

Mais surtout prenez bien garde au feu.

— Oui, monsieur, dit Gilbert un peu étourdi de tout ce qu'il venait de voir et d'entendre.

Jacques sortit en lui souriant; puis il revint.

— Demain nous causerons, dit-il. Je pense que vous ne répugnerez point à travailler, n'est-ce pas?

— Vous savez, monsieur, répondit Gilbert que travailler, au contraire, est tout mon désir.

— Voilà qui est bien.

Et Jacques fit de nouveau un pas vers la porte.

— Travail digne, bien entendu, répondit le pointilleux Gilbert.

— Je n'en connais pas d'autre, mon jeune ami. Ainsi donc, à demain.

— Bonsoir et merci, monsieur, dit Gilbert.

Jacques sortit, ferma la porte en dehors, et Gilbert resta seul dans son galetas.

D'abord émerveillé, puis pétrifié d'être à Paris, il se demanda si c'était bien Paris, cette ville où l'on voyait des chambres pareilles à la sienne.

Puis il réfléchit qu'au bout du compte, M. Jacques lui faisait l'aumône, et comme il avait vu faire l'aumône à Taverney, non-seulement il ne s'étonna plus, mais l'étonnement commença de faire place à la reconnaissance.

Sa chandelle à la main, il parcourut, en prenant les précautions recommandées par Jacques, tous les coins du galetas, s'occupant peu des habits de Thérèse, dont il ne voulut pas même distraire une vieille robe pour se faire une couverture.

Il s'arrêta aux piles de papiers imprimés qui éveillaient au dernier point sa curiosité.

Elles étaient ficelées; il n'y toucha point.

Le cou tendu, l'œil avide, il passa des liasses ficelées aux sacs de haricots.

Les sacs de haricots étaient faits d'un papier fort blanc toujours imprimé, joint avec des épingles.

Dans un mouvement un peu brusque qu'il fit, Gilbert toucha la corde avec sa tête : un des sacs tomba.

Plus pâle, plus effaré que s'il eût forcé la serrure d'un coffre-fort, le jeune homme se hâta de ramasser les haricots épars sur le plancher et de les remettre dans le sac.

En se livrant à cette opération, il regarda machinalement le papier, machinalement encore, ses yeux lurent quelques mots; ces mots attirèrent son attention. Il repoussa les haricots, et s'asseyant sur sa paillasse, il lut, car ces mots étaient si parfaitement en harmonie avec sa pensée et surtout avec son caractère, qu'ils semblaient écrits, non-seulement pour lui, mais encore par lui.

Les voici:

« D'ailleurs, des couturières, des filles

de chambre, de petites marchandes ne me tentaient guère, il me fallait des demoiselles, chacun a sa fantaisie, ça toujours été la mienne. Je ne pense pas comme Horace sur ce point là. Ce n'est pourtant pas du tout la vanité de l'état et du rang qui m'attire, c'est un teint mieux conservé, de plus belles mains, une parure plus gracieuse, un air de délicatesse et de propreté sur toute la personne, plus de goût dans la manière de se mettre et de s'exprimer, une robe plus fine et mieux faite, une chaussure plus mignonne, des rubans, de la dentelle, des cheveux mieux ajustés. Je préférais toujours la moins jolie ayant tout cela. Je trouve moi-même cette préférence fort ridicule, mais mon cœur la donne malgré moi. »

Gilbert tressaillit et la sueur lui monta au front ; il était impossible de mieux exprimer sa pensée, de mieux définir ses instincts, de mieux analyser son goût. Seulement, Andrée n'était pas la *moins jolie ayant tout cela*. Andrée avait tout cela et était la plus belle.

Gilbert continua donc avidement.

A la suite des lignes que nous avons citées venait une charmante aventure d'un jeune homme avec deux jeunes filles ;

l'histoire d'une cavalcade accompagnée de ces petits cris charmants qui rendent les femmes plus charmantes encore, parce qu'ils trahissent leur faiblesse, d'un voyage en croupe derrière l'une d'elles, et d'un retour nocturne plus charmant et plus délicieux encore.

L'intérêt allait gagnant; Gilbert avait déplié le sac et avait lu tout ce qu'il y avait d'imprimé sur le sac avec un certain battement de cœur; il interrogea la pagination et se mit à chercher si les autres pages n'y faisaient pas suite. La pagination était interrompue, mais il retrouva sept ou huit sacs qui paraissaient se suivre. Il en ôta les épingles, vida les haricots sur le plancher, les assembla, et lut.

Cette fois, c'était bien autre chose encore. Ces nouvelles pages contenaient les amours d'un jeune homme pauvre, inconnu, avec une grande dame. La grande dame était descendue jusqu'à lui, ou plutôt il était monté jusqu'à elle, et la grande dame l'avait accueilli comme s'il eût été son égal, et elle en avait fait son amant, l'initiant à tous les mystères du cœur, — rêves de l'adolescence qui ont une si courte réalité, qu'arrivés de l'autre côté de la vie ils ne nous apparaissent plus que comme un de ces météores brillants, mais fugitifs, qui glissent au milieu d'un ciel étoilé de printemps.

Le jeune homme n'était nommé nulle part. La grande dame s'appelait madame de Warens, nom doux et charmant à prononcer.

Gilbert rêvait au bonheur de passer ainsi toute une nuit à lire, et le plaisir s'augmentait de cette sécurité qu'il avait une longue file de sacs à dépouiller les uns après les autres, quand tout à coup un léger pétillement se fit entendre; la chandelle, échauffée par le récipient de cuivre, s'enfonça dans la graisse liquide, une vapeur infecte monta dans le grenier, la mèche s'éteignit, et Gilbert se trouva dans l'obscurité.

Cet événement était arrivé si rapide, qu'il n'y avait pas eu moyen d'y porter remède. Gilbert, interrompu au milieu de sa lecture, était près d'en pleurer de rage. Il laissa glisser la liasse de papiers sur les haricots amassés près de son lit, et se coucha sur sa paillasse, où, malgré son dépit, il s'endormit bientôt profondément.

Le jeune homme dormit comme on dort à dix-huit ans; aussi ne se réveilla-t-il qu'au bruit du cadenas criard que Jacques avait placé la veille à la porte du grenier.

Le jour était grand, Gilbert, en ouvrant les yeux, vit son hôte entrer doucement dans sa chambre.

Ses yeux se portèrent aussitôt sur les haricots épars et sur les sacs redevenus feuillets.

Les yeux de Jacques avaient déjà pris la même direction.

Gilbert sentit le rouge de la honte lui monter aux joues, et sans trop savoir ce qu'il disait,

— Bonjour, monsieur, murmura-t-il.

— Bonjour, mon ami, dit Jacques; avez-vous bien dormi?

— Oui, monsieur.

— Seriez-vous somnambule, par hasard?

Gilbert ignorait ce qu'était un somnambule, mais il comprit que la question avait pour but de lui demander une explication sur ces haricots hors de leurs sacs, et sur ces sacs veufs de leurs haricots.

— Hélas! monsieur, dit-il, je vois bien pourquoi vous me dites cela; oui, c'est moi qui suis coupable du méfait, et je m'en accuse humblement, mais je le crois réparable.

— Sans doute. Mais pourquoi donc

votre chandelle est-elle usée jusqu'au bout?

— J'ai veillé trop tard.

— Et pourquoi avez-vous veillé? fit Jacques, soupçonneux.

— Pour lire.

Le regard de Jacques parcourut, plus défiant encore, le grenier encombré.

—Cette première feuille, dit Gilbert en montrant le premier sac qu'il avait décroché et lu, cette première feuille, sur laquelle j'ai jeté les yeux par hasard, m'a tellement intéressé... Mais vous, monsieur, qui savez tant de choses, vous devez savoir de quel livre elle vient?

Jacques y jeta négligemment les yeux et dit:

— Je ne sais.

— C'est un roman sans doute, fit Gilbert, un bien beau roman.

— Un roman, croyez-vous?

— Je le crois, car on y parle d'amour comme dans les romans, excepté qu'on en parle mieux.

—Cependant, reprit Jacques, comme je

lis au bas de cette page le mot *Confessions*, je croyais...

— Vous croyiez?

— Que ce pouvait être une histoire.

— Oh! non, non; l'homme qui parle ainsi ne parle pas de lui-même. Il y a trop de franchise dans ses aveux, trop d'impartialité dans son jugement.

— Et moi, je crois que vous vous trompez, dit vivement le vieillard. L'auteur, au contraire, a voulu donner cet exemple au monde, d'un homme se montrant à ses semblables tel que Dieu a fait l'homme.

— Connaissez-vous donc l'auteur?

— L'auteur est Jean-Jacques Rousseau.

— Rousseau ! s'écria vivement le jeune homme.

— Oui. Il y a ici quelques feuilles de son dernier livre détachées, égarées.

— Ainsi ce jeune homme, pauvre, inconnu, obscur, mendiant presque par les grands chemins qu'il parcourait à pied, c'était Rousseau, c'est-à-dire l'homme qui devait un jour faire l'*Émile* et écrire le *Contrat social* ?

— C'était lui, ou plutôt non, dit le vieillard avec une expression de mélancolie difficile à rendre. Non, ce n'était pas lui :

l'auteur du *Contrat social* et de l'*Émile* est l'homme désenchanté du monde, de la vie, de la gloire, et presque de Dieu: l'autre... l'autre Rousseau... celui de madame de Warens, c'est l'enfant entrant dans la vie par la même porte que l'aurore entre dans le monde; c'est l'enfant avec ses joies, ses espérances. Il y a entre les deux Rousseau un abîme qui les empêchera de jamais se joindre... trente ans de malheur!

Le vieillard secoua la tête, laissa tomber tristement ses bras, et parut se perdre dans une rêverie profonde.

Gilbert était demeuré comme ébloui.

— Ainsi donc, dit-il, cette aventure

avec mademoiselle Galley et mademoiselle de Graffenried est donc vraie? Cet amour ardent pour madame de Warens, il l'a donc éprouvé? cette possession de la femme qu'il aimait, possession qui l'attristait au lieu de le transporter au ciel comme il s'y attendait, ce n'est donc pas un ravissant mensonge?

— Jeune homme, dit le vieillard, Rousseau n'a jamais menti. Rappelez-vous sa devise : *Vitam impedenre vero.*

— Je la connaissais, dit Gilbert ; mais comme je ne sais pas le latin, je n'ai jamais pu la comprendre.

— Cela veut dire : Donner sa vie pour la vérité.

— Ainsi, continua Gilbert, cette chose est possible, qu'un homme parti d'où est parti Rousseau, soit aimé d'une belle dame, d'une grande dame. Oh ! mon Dieu ! savez-vous que c'est à rendre fous d'espoir ceux qui, partis d'en bas comme lui, ont jeté les yeux au-dessus d'eux ?

— Vous aimez, dit Jacques, et vous voyez une analogie entre votre situation et celle de Rousseau.

Gilbert rougit ; seulement il ne répondit point à la question.

— Mais toutes les femmes ne sont point comme madame de Warens, dit-il, il y en a de fières, de dédaigneuses, d'innaccessibles, et celles-là, c'est une folie de les aimer.

— Cependant, jeune homme, dit le vieillard, de pareilles occasions ont été plus d'une fois offertes à Rousseau.

— Oh! oui, s'écria Gilbert, mais il était Rousseau. Bien certainement, si je sentais en moi une étincelle du feu qui a brûlé son cœur en échauffant son génie...

— Eh bien ?

— Eh bien ! je me dirais qu'il n'y a pas

de femmes, si grande dame qu'elle soit par la naissance, qui puisse compter avec moi, tandis que, n'étant rien, n'ayant point la conviction de mon avenir, quand je regarde au dessus de moi, je suis ébloui. Oh! je voudrais pouvoir parler à Rousseau !

— Pourquoi faire ?

— Pour lui demander si madame de Warens n'étant pas descendue à lui, il n'eût pas monté à elle ; pour lui dire : Cette possession qui vous a attristé, si elle vous eût été refusée, ne l'eussiez-vous pas conquise, même...?

Le jeune homme s'arrêta.

— Même...? répéta le vieillard.

— Même par un crime ?

Jacques tressaillit.

— Ma femme doit être réveillée, dit-il, coupant court à l'entretien ; nous allons descendre. D'ailleurs, la journée d'un travailleur ne commence jamais assez tôt : venez, jeune homme, venez.

— C'est vrai, dit Gilbert, pardon, monsieur; mais il y a certaines conversations qui m'enivrent, certains livres qui m'exaltent, certaines pensées qui me rendent presque fou.

— Allons, allons, vous êtes amoureux, dit le vieillard.

Gilbert ne répondit rien, et se mit à ramasser les haricots et à reformer les sacs à l'aide des épingles ; Jacques le laissa faire.

— Vous n'avez pas été somptueusement logé, lui dit-il, mais au bout du compte vous avez ici le nécessaire, et si vous eussiez été plus matinal, il vous fût arrivé par cette fenêtre des émanations de verdure qui ont bien leur mérite au milieu des odeurs nauséabondes qui infectent la grande ville. Il y a là les jardins de la rue de la Jussienne, les tilleuls et les faux ébéniers y sont en fleurs, et les respirer le matin, n'est-ce pas, pour un pauvre captif, amasser du bonheur pour toute une journée ?

— J'aime tout cela vaguement dit, Gilbert, mais j'y suis trop accoutumé pour y faire grande attention.

— Dites qu'il n'y a pas assez longtemps que vous avez perdu la campagne pour la regretter encore. Mais, vous avez fini; allons travailler.

Et montrant le chemin à Gilbert, Jacques le fit sortir et ferma le cadenas derrière lui.

Cette fois, Jacques conduisit son compagnon droit à la pièce que Thérèse la veille avait désignée sous le nom de son cabinet.

Des papillons sous verre, des herbes et des minéraux encadrés dans des bordures de bois noir, des livres dans une bibliothèque de noyer, une table étroite et longue, couverte d'un petit tapis de laine verte et noire, usée par le frottement et sur laquelle des manuscrits étaient rangés en bon ordre, quatre chaises-fauteuils de merisier, foncés et couverts de crin noir, tel était l'ameublement du cabinet, le tout luisant, ciré, irréprochable d'ordre et de propreté, mais froid à l'œil et au cœur, tant le jour tamisé par des rideaux de siamoise était gris et faible, tant le luxe et même le bien-être semblait éloigné de cette cendre froide et de ce foyer noir.

Un petit clavecin de bois de rose porté par quatre pieds droits, et sur la cheminée un maigre cartel, signé Dolt à l'Arsenal, rappelaient seuls l'un par la vibration de ses fils d'acier éveillés par le passage des voitures dans la rue, l'autre par son balancier argentin, que quelque chose vivait dans cette espèce de tombeau.

Gilbert entra respectueusement dans le cabinet que nous venons de décrire; il trouvait le mobilier presque somptueux, car c'était à peu près celui du château de Taverney; le carreau ciré surtout lui imposait fort.

— Asseyez-vous, lui dit Jacques en lui montrant une seconde petite table placée dans l'embrasure d'une fenêtre, je vais vous dire quelle est l'occupation que je vous ai destinée.

Gilbert s'empressa d'obéir.

— Connaissez-vous ceci? demanda le vieillard.

Et il montrait à Gilbert un papier rayé à intervalles égaux.

— Sans doute, répondit celui-ci ; c'est du papier de musique.

— Eh bien ! lorsqu'une de ces feuilles a été noircie convenablement par moi, c'est-à-dire quand j'ai copié dessus autant de musique qu'elle peut en contenir, j'ai gagné dix sous ; c'est le prix que j'ai fixé moi-même. Croyez-vous que vous apprendrez à copier de la musique ?

— Oui, monsieur, je le crois.

— Mais est-ce que ce petit barbouillage de points noirs embrochés de raies uniques, doubles ou triples, ne vous tourbillonne pas devant les yeux ?

— C'est vrai, monsieur. Au premier coup d'œil je n'y comprends pas grand'chose ; cependant, en m'appliquant, je distinguerai les notes les unes des autres ; par exemple, voici un *fa*.

— Où cela ?

— Ici, embroché dans la ligne la plus élevée.

— Et cette autre entre les deux lignes basses ?

— C'est encore un *fa*.

— La note au dessus de celle qui est à cheval sur la deuxième ligne ?

— C'est un *sol*.

— Mais vous savez lire la musique, alors ?

—C'est-à-dire que je connais le nom des notes, mais je n'en connais point la valeur.

— Et savez-vous quand elles sont blanches, noires, croches, doubles-croches et triples-croches?

— Oh! oui, je sais cela.

— Et ces signes?

—Ceci, c'est un soupir.

— Et ceci?

— Un dièse.

— Et ceci?

— Un *bémol*.

— Très-bien ! Ah ! çà mais, avec votre ignorance, fit Jacques, dont l'œil commençait à se voiler de cette défiance qui lui paraissait habituelle, avec votre ignorance, voilà que vous parlez musique comme vous parliez botanique, et que vous avez failli me parler amour.

— Oh ! monsieur, dit Gilbert, rougissant, ne vous raillez pas de moi.

— Au contraire, mon enfant, vous

m'étonnez. La musique est un art qui ne vient qu'apès les autres études, et vous m'avez dit n'avoir reçu aucune éducation, vous m'avez dit n'avoir rien appris.

— C'est la vérité, monsieur.

— Ce n'est cependant pas vous qui avez imaginé tout seul que ce point noir sur la dernière ligne était un *fa* ?

— Monsieur, dit Gilbert baissant la tête et la voix, dans la maison que j'habitais, il y avait une... une jeune personne qui jouait du clavecin.

— Ah ! oui, celle qui faisait de la botanique ? fit Jacques.

— Justement, monsieur; elle en jouait même fort bien.

— Vraiment?

— Oui, et moi, j'adore la musique.

— Tout ceci n'est point une raison de connaître les notes.

— Monsieur, il y a dans Rousseau, qu'incomplet est l'homme qui jouit de l'effet sans remonter à la cause.

— Oui; mais il y a aussi, dit Jacques, que l'homme en se complétant par cette recherche, perd sa joie, sa naïveté et son instinct.

— Qu'importe, dit Gilbert, s'il trouve dans l'étude une jouissance égale à celles qu'il peut perdre.

Jacques surpris se retourna.

— Allons, dit-il, vous êtes non-seulement botaniste et musicien, mais vous êtes encore logicien.

— Hélas! monsieur, je ne suis malheureusement ni botaniste, ni musicien, ni logicien; je sais distinguer une note d'une autre note, un signe d'un autre signe, voilà tout.

— Vous solfiez alors?

— Moi, pas le moins du monde.

— Eh bien, n'importe; voulez-vous essayer de copier? Voici du papier tout réglé, mais prenez garde de le gaspiller, il coûte fort cher. Et même, faites mieux, prenez du papier blanc, rayez-le et essayez sur celui-là.

— Oui, monsieur, je ferai comme vous me recommandez de faire; mais permettez-moi de vous le dire, ce n'est point là un état pour toute ma vie, car pour écrire de la musique que je ne comprends pas, mieux vaut me faire écrivain public.

— Jeune homme, jeune homme, vous parlez sans réfléchir, prenez garde.

— Moi?

— Oui, vous. Est-ce la nuit que l'écrivain public exerce son métier et gagne sa vie ?

— Non, certes.

— Eh bien ! écoutez ce que je vais vous dire : un homme habile peut, en deux ou trois heures de nuit, copier cinq de ces pages et même six, lorsqu'à force d'exercice, il a acquis une note grasse et facile, un trait pur et une habitude de lecture qui lui économise les rapports de l'œil au modèle. Six pages valent trois francs, un homme vit avec cela; vous ne direz pas le contraire, vous qui ne demandez que six sous. Donc avec deux heures de travail de nuit, un homme peut suivre les cours de l'école de chirurgie, de l'école de médecine et de l'école de botanique.

— Ah ! s'écria Gilbert, ah ! je vous comprends, monsieur, et je vous remercie du plus profond de mon cœur.

Et il se jeta sur la feuille de papier blanc que lui présentait le vieillard.

VII

Ce que c'était que M. Jacques.

Gilbert travaillait avec ardeur, et son papier se couvrait d'essais consciencieusement étudiés, lorsque le vieillard, après l'avoir regardé faire pendant quelque temps, se mit à son tour à l'autre table, et commença à corriger des feuilles imprimées, pareilles à l'enveloppe des haricots du grenier.

Trois heures s'écoulèrent ainsi, et le cartel venait de sonner neuf heures, lorsque Thérèse entra précipitamment.

Jacques leva la tête.

— Vite, vite, dit la ménagère, passez dans la salle. Voici encore un prince qui nous arrive. Mon Dieu! quand donc cette procession d'Altesses finira-t-elle? Pourvu qu'il ne lui prenne pas fantaisie de déjeuner avec nous, comme a fait l'autre jour le duc de Chartres!

— Et quel est ce prince? demanda Jacques à voix basse.

— Monseigneur le prince de Conti.

Gilbert, à ce nom laissa tomber sur ses portées un sol que Bridoison, s'il fût né à cette époque, eût appelé un pâ...aaté bien plutôt qu'une note.

— Un prince, une altesse, fit-il tout bas.

Jacques sortit en souriant derrière Thérèse qui referma la porte.

Alors Gilbert regarda autour de lui, et, se voyant seul, leva sa tête toute bouleversée.

— Mais où suis-je donc ici? s'écria-t-il. Des princes, des Altesses chez monsieur Jacques ! M. le duc Chartres, monseigneur le prince de Conti chez un copiste !

Il s'approcha de la porte pour écouter ; le cœur lui battait singulièrement.

Les premières salutations avaient déjà été échangées entre M. Jacques et le prince ; le prince parlait.

— J'eusse voulu vous emmener avec moi, disait-il.

— Pourquoi faire, mon prince? demandait Jacques.

— Mais pour vous présenter à la Dauphine. C'est une ère nouvelle pour la philosophie, mon cher philosophe.

— Mille grâces de votre bon vouloir monseigneur ; mais impossible de vous accompagner.

— Cependant, vous avez bien, il y a six ans, accompagné madame de Pompadour à Fontainebleau.

— J'étais de six ans plus jeune ; aujourd'hui, je suis cloué à mon fauteuil par mes infirmités.

— Et par votre misanthropie.

— Et quand cela serait, monseigneur.

Ma foi, le monde n'est-il pas une chose bien curieuse qu'il faille se déranger pour lui.

— Eh bien, voyons, je vous tiens quitte de Saint-Denis et du grand cérémonial, et je vous emmène à la Muette, où couchera après demain soir son Altesse Royale.

— Son Altesse Royale arrive donc après-demain à Saint-Denis?

— Avec toute sa suite. Voyons, deux lieues sont bientôt faites et ne causent pas un grand dérangement. On dit la princesse excellente musicienne; c'est une élève de Gluck.

Gilbert n'en entendit point davantage.
A ces mots : Après-demain, madame la Dauphine arrive avec toute sa suite à Saint-Denis, il avait pensé à une chose, c'est que le surlendemain, il allait se trouver à deux lieues d'Andrée.

Cette idée l'éblouit comme si ses yeux eussent rencontré un miroir ardent.

Le plus fort des deux sentiments étouffa l'autre. L'amour suspendit la curiosité ; un instant il sembla à Gilbert qu'il n'y avait plus assez d'air pour sa poitrine dans ce petit cabinet : il courut à la fenêtre dans l'intention de l'ouvrir, la fenêtre était cadenassée en dedans, sans doute pour qu'on ne pût jamais voir de l'appartement situé en face ce qui se passait dans le cabinet de M. Jacques.

Il retomba sur sa chaise.

— Oh! je ne veux plus écouter aux portes, dit-il; je ne veux plus pénétrer les secrets de ce petit bourgeois, mon protecteur, de ce copiste, qu'un prince appelle son ami et veut présenter à la future reine de France, à la fille des empereurs, à laquelle mademoiselle Andrée parlait presque à genoux.

Et cependant, peut-être apprendrais-je quelque chose de mademoiselle Andrée en écoutant.

Non, non, je ressemblerais à un laquais. La Brie aussi écoutait aux portes.

Et il s'écarta courageusement de la cloison dont il s'était rapproché ; ses mains tremblaient, un nuage obscurcissait ses yeux.

Il éprouvait le besoin d'une distraction puissante, la copie l'eût trop peu occupé. Il saisit un livre sur le bureau de M. Jacques.

— Les *Confessions*, lut-il avec une surprise joyeuse, les *Confessions*, dont j'ai avec tant d'intérêt, lu une centaine de pages.

— Édition ornée du portrait de l'auteur, continua-t-il.

— Oh ! et moi qui n'ai jamais vu de portrait de M. Rousseau, s'écria-t-il. Oh ! voyons, voyons.

Et il retourna vivement la feuille de papier joseph qui cachait la gravure, aperçut le portrait et poussa un cri.

En ce moment la porte s'ouvrit ; Jacques rentrait.

Gilbert compara la figure de Jacques au portrait qu'il tenait à la main, et les bras étendus, tremblant de tout son corps, laissa tomber le volume en murmurant :

— Je suis chez Jean-Jacques Rousseau !

— Voyons comment vous avez copié votre musique, mon enfant, répondit en souriant Jean-Jacques, bien plus heureux au fond de cette ovation imprévue qu'il ne l'avait été des mille triomphes de sa glorieuse vie.

Et passant devant Gilbert frémissant, il s'approcha de la table et jeta les yeux sur le papier.

— La note n'est pas mauvaise, dit-il; vous négligez les marges, ensuite vous ne joignez pas assez du même trait les notes qui vont ensemble. Attendez, il vous manque un soupir à cette mesure; puis, tenez, voyez, vos barres de mesures ne sont pas droites. Faites aussi les blanches de deux demi-cercles. Peu importe qu'elles joignent exactement. La note toute ronde est disgracieuse, et la queue s'y soude mal.— Oui, en effet, mon ami, vous êtes chez Jean-Jacques Rousseau.

— Oh! pardon, alors, monsieur, de toutes les sottises que j'ai dites, s'écria Gilbert, joignant les mains et prêt à se prosterner.

— A-t-il donc fallu, dit Rousseau en haussant les épaules, a-t-il fallu qu'il vînt ici un prince pour que vous reconnaissiez le persécuté, le malheureux philosophe de Genève ? Pauvre enfant, heureux enfant qui ignore la persécution !

— Oh ! oui, je suis heureux, bien heureux, mais c'est de vous voir, c'est de vous connaître, c'est d'être près de vous.

— Merci, mon enfant, merci ; mais ce n'est pas le tout que d'être heureux, il faut travailler. Maintenant que vos essais sont faits, prenez ce rondeau et tâchez de le copier sur de vrai papier à musique, c'est court et peu difficile, de la propreté surtout. Mais comment avez-vous reconnu….. ?

Gilbert le cœur gonflé, ramassa le volume des *Confessions* et montra le portrait à Jean-Jacques.

— Ah! oui, je comprends, mon portrait brûlé en effigie sur la première page de l'*Emile*, mais qu'importe, la flamme éclaire, qu'elle vienne du soleil, ou d'un autodafé.

— Monsieur, monsieur, savez-vous que jamais je n'avais rêvé que cela ; vivre auprès de vous ; savez-vous que mon ambition ne va pas plus loin que ce désir?

— Vous ne vivrez pas auprès de moi, mon ami, dit Jean-Jacques, car je ne fais pas d'élèves. Quant à des hôtes, vous l'avez vu, je ne suis pas assez riche pour en recevoir et surtout pour en garder.

Gilbert frissonna, Jean-Jacques lui prit la main.

— Au reste, lui dit-il, ne vous désespérez pas. Depuis que je vous ai rencontré, je vous étudie, mon enfant ; il y a en vous beaucoup de mauvais, mais aussi beaucoup de bon ; luttez avec votre volonté contre vos instincts ; défiez-vous de l'orgueil, ce ver rongeur de la philosophie, et copiez de la musique en attendant mieux.

— Oh ! mon Dieu ! mon Dien ! dit Gilbert, je suis tout étourdi de ce qui m'arrive.

— Il ne vous arrive cependant rien que de bien simple et de bien naturel, mon enfant ; il est vrai que ce sont les choses simples qui émeuvent le plus les cœurs profonds et les esprits intelligents. Vous fuyez, je ne sais d'où, je ne vous ai point demandé votre secret, vous fuyez à travers les bois, dans ces bois vous rencontrez un homme qui herborise, cet homme a du pain, vous n'en avez pas, il partage avec vous son pain; vous ne savez où vous retirer, cet homme vous offre un asile; cet homme devait être quelqu'un, porter un nom quelconque, cet homme s'appelle Rousseau, voilà tout, et cet homme vous dit :

« Le premier précepte de la philosophie est celui-ci :

« Homme, suffis-toi à toi-même. »

Or, mon ami, quand vous aurez copié

votre rondeau, vous aurez gagné votre nourriture d'aujourd'hui. Copiez donc votre rondeau.

— Oh! monsieur que vous êtes bon!

— Quant au gîte, il est à vous par-dessus le marché; seulement, pas de lecture nocturne, ou, si vous usez de la chandelle, que ce soit la vôtre, sinon, Thérèse gronderait. Avez-vous faim, maintenant?

— Oh! non, monsieur, dit Gilbert suffoqué.

— Il reste du souper d'hier de quoi déjeuner ce matin; ne faites pas de façons; ce repas est le dernier, sauf invitation si nous restons bons amis, que vous ferez à ma table.

Gilbert commença un geste que Rousseau interrompit d'un signe de tête.

— Il y a, continua-t-il, rue Plâtrière, une petite cuisine pour les ouvriers; vous y mangerez à bon compte, car je vous y recommanderai. En attendant, allons déjeuner.

Gilbert suivit Rousseau sans répondre. Pour la première fois de sa vie, il était dompté; il est vrai que c'était par un homme supérieur aux autres hommes.

Après les premières bouchées, il sortit

de table et retourna travailler. Il disait vrai : son estomac, trop contracté de la secousse qu'il avait reçue, ne pouvait recevoir aucune nourriture. De tout le jour, il ne leva point les yeux de son ouvrage, et vers huit heures du soir, après avoir déchiré trois feuilles, il était parvenu à copier lisiblement et proprement un rondeau de quatre pages.

— Je ne veux pas vous flatter, dit Rousseau, c'est encore mauvais, mais c'est lisible ; cela vaut dix sous, les voici.

Gilbert les prit en s'inclinant.

— Il y a du pain dans l'armoire, monsieur Gilbert, dit Thérèse, sur qui la discrétion, la douceur et l'application de Gilbert avaient produit un bon effet.

— Merci, madame, répondit Gilbert ; croyez que je n'oublierai point vos bontés.

— Tenez, dit Thérèse en lui tendant le pain.

Gilbert allait refuser ; mais il regarda Jean-Jacques, et comprit, par ce sourcil qui se fronçait déjà au-dessus de cet œil subtil et par cette bouche si fine qui commençait à se crisper, que son refus pourrait bien blesser son hôte.

— J'accepte, dit-il.

Puis il se retira dans sa petite chambre, tenant en main la pièce de six sous d'argent et les quatre sous de cuivre qu'il venait de recevoir de Jean-Jacques.

— Enfin, dit-il en entrant dans sa mansarde, je suis donc mon maître, c'est-à-dire, non, pas encore, puisque j'ai là le pain de la charité.

Et quoiqu'il eût faim, il déposa sur l'appui de sa lucarne, son pain auquel il ne toucha point.

Puis, pensant qu'il oublierait sa faim en dormant, il souffla sa chandelle et s'étendit sur sa paillasse.

Le lendemain, — Gilbert avait fort peu dormi pendant toute cette nuit, — le lendemain, le jour le trouva éveillé. Il se rappela ce que lui avait dit Rousseau des jardins sur lesquels donnait la fenêtre. Il se pencha hors de la lucarne, et vit en effet les arbres d'un beau jardin ; au delà de ces arbres s'élevait l'hôtel auquel appartenait ce jardin, et dont l'entrée donnait rue de la Jussienne.

Dans un coin du jardin, tout entouré de jeunes arbres et de fleurs s'élevait un petit pavillon, aux contrevents fermés.

Gilbert pensa d'abord que ces contrevents étaient fermés à cause de l'heure, et que ceux qui habitaient ce pavillon n'étaient pas encore éveillés. Mais comme les arbres naissants avaient collé leur feuillage contre ces contrevents, Gilbert comprit bientôt que ce pavillon devait être inhabité depuis l'hiver, tout au moins.

Il en revint alors à admirer les beaux tilleuls qui lui cachaient le logement principal.

Deux ou trois fois la faim avait entraîné Gilbert à jeter les yeux sur le morceau de pain que la veille lui avait coupé Thérèse, mais toujours maître de lui, et tout en le convoitant, il n'y avait pas touché.

Cinq heures sonnèrent, alors il pensa que la porte de l'allée devait être ouverte; et lavé, brossé et peigné, — Gilbert, grâce aux soins de Jean-Jacques, avait, en remontant dans son grenier, trouvé les objets nécessaires à sa modeste toilette, — et lavé, brossé, peigné, disons-nous, il prit son morceau de pain et descendit.

Rousseau, qui cette fois n'avait pas été le réveiller, Rousseau, qui par un excès de défiance peut-être, et pour mieux se rendre compte des habitudes de son hôte, n'avait point fermé sa porte la veille, Rousseau l'entendit descendre et le guetta.

Il vit Gilbert sortir son pain sous le bras.

Un pauvre s'approcha de lui, il vit Gilbert lui donner son pain, puis entrer chez un boulanger, qui venait d'ouvrir sa boutique, et acheter un autre morceau de pain.

— Il va aller chez le traiteur, pensa Rousseau, et ses pauvres dix sous y passeront.

Rousseau se trompait; tout en marchant, Gilbert mangea une partie de son pain, puis s'arrêtant à la fontaine qui coulait au coin de la rue, il but, mangea le reste de son pain, but encore, se rinça la bouche, se lava les mains et revint.

— Ma foi, dit Rousseau, je crois que je

suis plus heureux que Diogène, et que j'ai trouvé un homme. Et l'entendant remonter l'escalier, il s'empressa d'aller lui ouvrir la porte.

Le jour se passa tout entier dans un travail ininterrompu. Gilbert avait appliqué à ce monotone labeur de la copie, son activité, sa pénétrante intelligence et son assiduité obstinée. Ce qu'il ne comprenait pas, il le devinait; et sa main, esclave d'une volonté de fer, traçait les caractères sans hésitation, sans erreur. De sorte que vers le soir, il en était arrivé à sept pages, d'une copie sinon élégante, du moins irréprochable.

Rousseau regardait ce travail en juge et en philosophe à la fois. Comme juge, il critiqua la forme des notes, la finesse des déliés, les écartements des soupirs ou des points ; mais il convint qu'il y avait déjà un progrès notable sur la copie de la veille, et il donna vingt-cinq sous à Gilbert.

Comme philosophe, il admirait la force de la volonté humaine qui peut courber douze heures de suite sous le travail, un jeune homme de dix-huit ans, au corps souple et élastique, au tempérament passionné, car Rousseau avait facilement reconnu l'ardente passion qui brûlait le cœur du jeune homme; seulement, il ignorait si cette passion était l'ambition ou l'amour.

Gilbert pesa dans sa main l'argent qu'il venait de recevoir: c'était une pièce de vingt-quatre sous et un sou. Il mit le sou dans une poche de sa veste, probablement avec les autres sous qui lui restaient de la veille, et serrant avec une satisfaction ardente la pièce de vingt-quatre sous dans sa main droite, il dit:

— Monsieur, vous êtes mon maître, puisque c'est chez vous que j'ai trouvé de l'ouvrage; vous me donnez même le logement gratis. Je pense donc que vous pourriez mal juger de moi si j'agissais sans vous communiquer mes actions.

Rousseau le regarda de son œil effarouché.

— Quoi! dit-il, que voulez-vous donc faire? avez-vous pour demain une intention autre que de travailler?

— Monsieur, oui, pour demain, avec votre permission, je voudrais être libre.

— Pourquoi faire? dit Rousseau: pour fainéantiser?

— Monsieur, dit Gilbert, je voudrais aller à Saint-Denis.

— A Saint-Denis ?

— Oui ; madame la Dauphine arrive demain à Saint-Denis.

— Ah ! c'est vrai ; demain il y a des fêtes à Saint-Denis pour la réception de madame la Dauphine.

— C'est cela, dit Gilbert.

— Je vous aurais cru moins badaud, mon jeune ami, dit Rousseau, et vous m'avez fait d'abord l'effet de bien autrement mépriser les pompes du pouvoir absolu.

— Monsieur...

— Regardez-moi, moi que vous prétendez quelquefois prendre pour modèle. Hier, un prince royal est venu me solliciter d'aller à la cour, non pas comme vous irez, pauvre enfant, en vous hissant sur la pointe des pieds pour regarder par dessus l'épaule d'un garde-française, passer la voiture du roi, à laquelle on portera les armes comme on fait pour le Saint-Sacrement, mais pour paraître devant les princes, pour voir le sourire des princesses. Eh bien! moi, obscur citoyen, j'ai refusé l'invitation de ces grands.

Gilbert approuva de la tête.

— Et pourquoi ai-je refusé cela, continua Rousseau avec véhémence, parce que l'homme ne peut être double, parce que la main qui a écrit que la royauté était un abus, ne peut pas aller demander à un roi l'aumône d'une faveur, parce que moi, qui sais que toute fête enlève au peuple un peu de ce bien-être dont il lui reste à peine pour ne pas se révolter, je proteste par mon absence contre toutes ces fêtes.

— Monsieur, dit Gilbert, je vous prie de croire que j'ai compris tout ce qu'il y a de sublime dans votre philosophie.

— Sans doute ; cependant, puisque

vous ne la pratiquez pas, permettez moi de vous dire...

— Monsieur, dit Gilbert, je ne suis pas philosophe.

— Dites au moins ce que vous allez faire à Saint-Denis.

— Monsieur, je suis discret.

Le mot frappa Rousseau : il comprit qu'il y avait quelque mystère caché sous cet entêtement, et il regarda le jeune homme avec une espèce d'admiration que lui inspirait ce caractère.

— A la bonne heure, dit-il, vous avez un motif. J'aime mieux cela.

— Oui, monsieur, j'ai un motif, et qui ne ressemble en rien, je vous jure, à la curiosité que l'on a d'un spectacle.

— Tant mieux, ou peut-être tant pis, car votre regard est profond, jeune homme, et j'y cherche en vain la candeur et le calme de la jeunesse.

— Je vous ai dit, monsieur, répliqua tristement Gilbert, que j'avais été malheureux, et que pour les malheureux, il n'y avait pas de jeunesse. Ainsi c'est convenu, vous me donnez le jour de demain.

— Je vous le donne, mon ami.

— Merci monsieur.

— Seulement, dit Rousseau, à l'heure où vous regarderez passer toutes les pompes du monde, je développerai un de mes herbiers et je passerai en revue toutes les magnificences de la nature.

— Monsieur, dit Gilbert, n'eussiez-vous point abandonné tous les herbiers de la terre, le jour où vous allâtes pour revoir mademoiselle Galley après lui avoir jeté un bouquet de cerises dans le sein ?

— Voilà qui est bien, dit Rousseau ; c'est vrai, vous êtes jeune. Allez à Saint-Denis, mon enfant.

Puis, lorsque Gilbert tout joyeux fut sorti refermant la porte derrière lui :

— Ce n'est pas de l'ambition, dit-il, c'est de l'amour !

VIII

La femme du sorcier.

Au moment où Gilbert, après sa journée si bien remplie, grignottait dans son grenier son pain trempé d'eau fraîche et humait de tous ses poumons l'air des jardins d'alentour, en ce moment, disons-nous, une femme vêtue avec une élégance un peu étrange, ensevelie sous un long voile, après avoir suivi au galop d'un superbe cheval arabe cette route de Saint Denis, déserte encore, mais qui devait le lendemain s'encombrer de tant de monde, mettait pied à terre devant le couvent des carmélites de Saint-Denis et heurtait de son doigt délicat au barreau du tour, tandis que son cheval, dont elle tenait la bride passée à son bras, piaffait et creusait le sable avec impatience.

Quelques bourgeois de la ville s'arrêtèrent par curiosité autour de l'inconnue. Ils étaient attirés à la fois, nous l'avons dit, d'abord, par l'étrangeté de sa mise, ensuite par son insistance à heurter.

— Que désirez-vous, madame? lui demanda l'un d'eux.

— Vous le voyez, monsieur, répondit l'étrangère, avec un accent italien des plus prononcés, je désire entrer.

— Alors, vous vous adressez mal. Ce tour ne s'ouvre qu'une fois le jour aux pauvres, et l'heure à laquelle il s'ouvre est passée.

— Comment fait-on alors pour parler à la supérieure? demanda celle qui heurtait.

— On frappe à la petite porte au bout du mur, ou bien on sonne à la grande porte.

Un autre s'approcha.

— Vous savez, madame, dit-il, que maintenant, la supérieure est Son Altesse Royale Madame Louise de France?

— Je le sais, merci.

—Vertudieu! le beau cheval, s'écria un dragon de la reine regardant la monture de l'étrangère. Savez-vous que si ce cheval n'est pas hors d'âge, il vaut cinq cents louis, aussi vrai que le mien vaut cent pistoles?

Ces mots produisirent beaucoup d'effet sur la foule.

En ce moment un chanoine, qui tout au contraire du dragon regardait la cavalière sans s'inquiéter du cheval, se fraya un sentier jusqu'à elle, et, grâce à un secret connu de lui, ouvrit la porte du tour.

— Entrez, madame, dit-il, et tirez après vous votre cheval.

La femme, pressée d'échapper aux regards avides de cette foule, regards qui semblaient effroyablement lui peser, se hâta de suivre le conseil et disparut derrière la porte avec sa monture.

Une fois seule dans la vaste cour, l'étrangère secoua la bride de son cheval, lequel agita si brusquement tout son caparaçon et battit si vigoureusement le pavé de son fer, que la sœur tourière, qui avait quitté un instant son petit logement placé près de la porte, s'élança de l'intérieur du couvent.

— Que voulez-vous, madame? s'écria-t-elle, et comment vous êtes-vous introduite ici?

— C'est un bon chanoine qui m'a ouvert la porte, dit-elle; quant à ce que je veux, je veux, si c'est possible, parler à la supérieure.

— Madame ne recevra pas ce soir.

— On m'avait dit cependant qu'il était du devoir des supérieures de couvent, de recevoir celles de leurs sœurs du monde qui viennent leur demander secours, à toute heure du jour et de la nuit.

— C'est possible dans les circonstances ordinaires; mais Son Altesse, arrivée d'avant-hier seulement, est à peine installée et ce soir tient chapitre.

— Madame! madame! reprit l'étrangère, j'arrive de bien loin, j'arrive de Rome. Je viens de faire soixante lieues à cheval, je suis à bout de mon courage.

— Que voulez-vous ! l'ordre de Madame est formel.

— Ma sœur, j'ai à révéler à votre abbesse des choses de la plus haute importance.

— Revenez demain.

— Impossible... je suis restée un jour à Paris, et déjà, pendant cette journée... d'ailleurs, je ne puis pas coucher à l'hôtellerie.

— Pourquoi cela ?

— Parce que je n'ai point d'argent.

La sœur tourière parcourut d'un œil

stupéfait cette femme couverte de pierreries et maîtresse d'un beau cheval, qui prétendait n'avoir point d'argent pour payer son gite d'une nuit.

— Oh! ne faites point attention à mes paroles, non plus qu'à mes habits, dit la jeune femme; non, ce n'est point la vérité exacte que j'ai dite en disant que je n'avais point d'argent, car dans toute hôtellerie, on me ferait crédit sans doute. Non! non! ce que je viens chercher ici, ce n'est point un gîte, c'est un refuge.

— Madame, ce couvent n'est point le seul qu'il y ait à Saint-Denis, et chacun de ces couvents à son abbesse.

— Oui, oui, je le sais bien, mais ce n'est point à une abbesse vulgaire que je puis m'adresser, ma sœur.

— Je crois que vous vous tromperiez en insistant. Madame Louise de France ne s'occupe plus des choses de ce monde.

— Que vous importe, annoncez-lui toujours que je veux lui parler.

— Il y a un chapitre, vous dis-je.

— Après le chapitre.

— Le chapitre commence à peine.

— J'entrerai dans l'église et j'attendrai en priant.

— Je suis désespérée, madame.

— Quoi?

— Vous ne pouvez pas attendre.

— Je ne puis pas attendre?

— Non.

— Oh! je me trompais donc? je ne suis donc pas dans la maison du bon Dieu? s'écria l'étrangère avec une telle énergie dans le regard et dans la voix, que la sœur, n'osant prendre sur elle de résister plus longtemps, répliqua:

— S'il en est ainsi, je vais essayer.

— Oh! dites bien à Son Altesse, ajouta

l'étrangère, que j'arrive de Rome; que je n'ai pris, à l'exception de deux haltes que j'ai faites, l'une à Mayence, l'autre à Strasbourg, que je n'ai pris en chemin que le temps nécessaire pour dormir, et que, depuis quatre jours surtout, je ne me suis reposée que pour retrouver la force de me tenir sur mon cheval, et pour donner à mon cheval la force de me porter.

— Je le dirai, ma sœur.

Et la religieuse s'éloigna.

Un instant après, une sœur converse parut.

La tourière marchait derrière elle.

— Eh bien ! demanda l'étrangère, provoquant la réponse tant elle était impatiente de l'entendre.

— S. A. R. a dit, madame, répondit la sœur converse, que ce soir il était de toute impossibilité qu'elle vous donnât audience, mais que l'hospitalité ne vous en serait pas moins offerte au couvent, puisque vous pensiez avoir un si urgent besoin de trouver un asile. Vous pouvez donc entrer, ma sœur, et si vous venez d'accomplir cette longue course, si vous êtes aussi fatiguée que vous le dites, vous n'avez qu'à vous mettre au lit.

— Mais mon cheval ?

— On en aura soin ; soyez tranquille, ma sœur.

— Il est doux comme un mouton. Il s'appelle Djérid et vient à ce nom quand on l'appelle. Je vous le recommande instamment, car c'est un merveilleux animal.

— Il sera traité comme le sont les propres chevaux du roi.

— Merci.

— Maintenant, conduisez madame à sa chambre, dit la sœur converse à la sœur tourière.

— Non pas à ma chambre, à l'église. Je

n'ai pas besoin de dormir, j'ai besoin de prier.

— La chapelle vous est ouverte, ma sœur, dit la religieuse en montrant du doigt une petite porte latérale donnant dans l'église.

— Et je verrai madame la supérieure? demanda l'étrangère.

— Demain.

— Demain matin?

— Oh! demain matin, ce sera encore chose impossible.

— Et pourquoi cela?

— Parce que demain, matin il y aura encore grande réception.

— Oh! qui peut être reçu qui soit plus pressé ou plus malheureux que moi?

— Madame la Dauphine nous fait l'honneur de s'arrêter deux heures en passant demain. C'est une grande faveur pour notre couvent, une grande solennité pour nos pauvres sœurs; de sorte que vous comprenez....

— Hélas!

— Madame l'abbesse désire que tout soit ici digne des hôtes royaux que nous recevons.

— Et en attendant, dit l'étrangère, regardant avec un frisson visible autour d'elle, en attendant que je puisse voir l'auguste supérieure, je serai en sûreté ici?

— Oui, ma sœur, sans doute. Notre maison est un asile même pour les coupables, à plus forte raison pour les...

— Fugitifs, dit l'étrangère; bien. De sorte que personne n'entre ici, n'est-ce pas?

— Sans ordre, non, personne.

— Oh! et s'il obtenait cet ordre, mon Dieu, mon Dieu, dit l'étrangère, lui qui est si puissant, que sa puissance m'épouvante parfois.

— Qui, lui ? demanda la sœur.

— Personne, personne.

— Voilà une pauvre folle, murmura la religieuse.

— L'église, l'église, répéta l'étrangère comme pour justifier l'opinion que l'on commençait à prendre d'elle.

— Venez, ma sœur, je vais vous y conduire.

— C'est qu'on me poursuit, voyez-vous, vite, vite, l'église.

— Oh! les murailles de Saint-Denis

sont bonnes, fit la sœur converse avec un sourire compâtissant, de sorte que si vous m'en croyez, fatiguée comme vous l'êtes, vous vous en rapporterez à ce que je vous dis, et vous irez vous reposer dans un bon lit, au lieu de meurtrir vos genoux sur la dalle de la chapelle.

— Non, non, je veux prier; je veux prier afin que Dieu écarte de moi ceux qui me poursuivent, s'écria la jeune femme en disparaissant par la porte que lui avait indiquée la religieuse et en fermant la porte derrière elle.

La sœur, curieuse comme une religieuse, fit le tour par la grande porte, et s'avançant doucement, elle vit au pied de l'autel, la femme inconnue priant et sanglotant la face contre terre.

IX

Les bourgeois de Paris.

Le chapitre était assemblé en effet, comme l'avaient dit les religieuses à l'étrangère, afin d'aviser au moyen de faire à la fille des Césars une brillante réception.

Son Altesse Royale Madame Louise

inaugurait ainsi à Saint-Denis son commandement suprême.

Le trésor de la fabrique était un peu en baisse ; l'ancienne supérieure, en résignant ses pouvoirs, avait emporté la majeure partie des dentelles, qui lui appartenaient en propre, ainsi que les reliquaires et les ostensoirs, que prêtaient à leurs communautés ces abbesses tirées toutes des meilleures familles, en se vouant au service du Seigneur aux conditions les plus mondaines.

Madame Louise, en apprenant que la Dauphine s'arrêterait à Saint-Denis, avait envoyé un exprès à Versailles, et la nuit même, un chariot était arrivé chargé de tapisseries, de dentelles et d'ornements.

Il y en avait pour six cent mille livres.

Aussi, quand la nouvelle se fut répandue des splendeurs royales de cette solennité, vit-on redoubler cette ardente, cette effrayante curiosité des Parisiens, qui, en petit tas, comme disait Mercier, peuvent bien faire rire, mais qui font toujours réfléchir et pleurer lorsqu'ils vont tous ensemble.

Aussi dès l'aube, comme l'itinéraire de Madame la Dauphine avait été rendu public, on vit arriver, dix par dix, cent par cent, mille par mille, les Parisiens sortis de leurs tanières.

Les gardes-françaises, les suisses, les régiments cantonnés à Saint-Denis avaient pris les armes et se plaçaient en haie pour contenir les flots mouvants de cette marée, formant déjà ses terribles remous autour des porches de la basilique et se hissant aux sculptures des portails de la communauté. Il y avait des têtes partout, des enfants sur les auvents des portes, des hommes et des femmes aux fenêtres, enfin des milliers de curieux arrivés trop tard ou préférant, comme Gilbert, leur liberté aux exigences qu'impose toujours une place gardée ou conquise dans la foule, — des milliers de curieux, disons-nous, pareils à des fourmis actives, grimpaient contre les troncs et s'éparpillaient sur les branches des arbres qui, de Saint-Denis à la Muette, formaient la haie sur le passage de la Dauphine.

La cour, encore riche et nombreuse d'équipages et de livrées, avait cependant diminué depuis Compiégne. A moins d'être un fort grand seigneur, on ne pouvait guère suivre le roi doublant et triplant les étapes ordinaires, grâce aux relais de chevaux qu'il avait placés sur la route.

Les petits étaient demeurés à Compiégne, ou avaient pris la poste pour revenir à Paris et laisser souffler leur attelage.

Mais après un jour de repos chez eux, maîtres et gens rentraient en campagne et couraient à Saint-Denis, autant pour voir la foule que pour revoir la Dauphine, qu'ils avaient déjà vue.

Et puis, outre la cour, n'y avait-il pas à cette époque mille équipages : le parlement, les finances, le gros commerce, les femmes à la mode et l'opéra ; n'y avait-il pas les chevaux et les carrosses de louage ; ainsi que les *Carabas,* qui, vers Saint-Denis, roulaient entassés vingt-cinq Parisiens et Parisiennes s'étouffant au petit trot, et arrivant à destination plus tard, bien certainement, qu'ils n'eussent fait à pied ?

On se fait donc facilement une idée de l'armée formidable qui se dirigea vers Saint-Denis, le matin du jour où les gazettes et les placards avaient annoncé que madame la Dauphine y devait arriver, et qui alla s'entasser juste en face du couvent des Carmélites, et quand il n'y eut plus moyen de trouver de place dans le rayon privilégié, s'étendant tout le long du chemin par lequel devaient arriver et partir madame la Dauphine et sa suite.

Maintenant, qu'on se figure dans cette foule, épouvantail du Parisien lui-même, qu'on se figure Gilbert, petit, seul, indécis, ignorant les localités, et si fier que jamais il n'eût voulu demander un renseignement : car, depuis qu'il était à Paris, il tenait à passer pour un Parisien pur, lui qui n'avait jamais vu plus de cent personnes assemblées !

D'abord, sur son chemin, les promeneurs apparurent clair-semés ; puis ils commencèrent à multiplier à La Chapelle, puis enfin, en arrivant à Saint-Denis, ils semblaient sortir de dessous les pavés, et paraissaient aussi drus que des épis de blés dans un champ immense.

Gilbert depuis longtemps n'y voyait plus, perdu qu'il était dans la foule ; il allait sans savoir où, où la foule allait ; il eût fallu s'orienter cependant. Des enfants montaient sur un arbre, il n'osa pas ôter son habit pour faire comme eux, quoiqu'il en eût grande envie, mais il s'approcha du tronc. Des malheureux, privés comme lui de tout horizon, qui marchaient sur les pieds des autres et sur les pieds desquels on marchait, eurent l'heureuse idée d'interroger les ascensionnaires, et apprirent de l'un d'eux qu'il y avait un grand espace vide entre le couvent et les gardes.

Gilbert, encouragé par cette première question, demanda à son tour si l'on voyait les carrosses.

On ne les voyait pas encore ; seulement,

on voyait sur la route, à un quart de lieue au delà de Saint-Denis, une grande poussière. C'était ce que voulait savoir Gilbert : les carrosses n'étaient pas encore arrivés, il ne s'agissait plus que de savoir de quel côté précisément les carrosses arriveraient.

A Paris, quand on traverse tout une foule sans lier conversation avec quelqu'un, c'est qu'on est Anglais ou sourd et muet.

A peine Gilbert se fut-il jeté en arrière pour se dégager de toute cette multitude, qu'il trouva, au revers d'un fossé, une famille de petits bourgeois qui déjeunaient.

Il y avait la fille, grande personne blonde, aux yeux bleus, modeste et timide.

Il y avait la mère, grosse, petite et rieuse femme, aux dents blanches et au teint frais.

Il y avait le père, enfoui dans un grand habit de bouracan qui ne sortait de l'armoire que tous les dimanches, qu'il avait tiré de l'armoire pour cette occasion solennelle, et dont il se préoccupait plus que de sa femme et de sa fille, certain qu'elles se tireraient toujours d'affaire.

Il y avait une tante, grande, maigre, sèche et quinteuse.

Il y avait une servante qui riait toujours.

Cette dernière avait apporté, dans un

énorme panier, un déjeuner complet. Sous ce poids, la vigoureuse fille n'avait pas cessé de rire et de chanter, encouragée par son maître, qui la relayait au besoin.

Alors, un serviteur était de la famille : il y avait une grande analogie entre lui et le chien de la maison : battu, quelquefois ; exclu, jamais.

Gilbert contempla du coin de l'œil cette scène, complétement nouvelle pour lui. Enfermé au château de Taverney depuis sa naissance, il savait ce que c'était que le seigneur et que la valetaille, mais il ignorait entièrement le bourgeois.

Il vit chez ces braves gens, dans l'usage matériel des besoins de la vie, l'emploi d'une philosophie qui, sans procéder de Platon ni de Socrate, participait un peu de celle de Bias, *in extenso*.

On avait apporté avec soi le plus possible, et on en tirait le meilleur parti possible.

Le père découpait un de ces appétissants morceaux de veau rôti, si cher aux petits bourgeois de Paris. Le comestible, déjà dévoré par les yeux de tous, reposait doré, friand et onctueux dans le plat de terre vernissé où l'avait enseveli la veille, parmi des carottes, des oignons et des tranches de lard, la ménagère soucieuse du lendemain. Puis, la servante avait porté le plat chez le boulanger qui, tout en cuisant son pain, avait donné asile dans son four à vingt plats pareils, tous destinés à rôtir et à se dorer de compagnie à la chaleur posthume des fagots.

Gilbert choisit au pied d'un orme voisin une petite place dont il épousseta l'herbe souillée, avec son mouchoir à carreaux.

Il ôta son chapeau, posa son mouchoir sur cette herbe et s'assit.

Il ne donnait aucune attention à ses voisins, ce que voyant ceux-ci, ils le remarquèrent tout naturellement.

— Voilà un jeune homme soigneux, dit la mère.

La jeune fille rougit.

La jeune fille rougissait toutes les fois qu'il était question d'un jeune homme devant elle. Ce qui faisait pâmer de satisfaction les auteurs de ses jours.

— Voilà un jeune homme soigneux, avait dit la mère.

En effet, chez la bourgeoise parisienne, la première observation portera toujours sur un défaut ou sur une qualité morale.

Le père se retourna.

— Et un joli garçon, dit-il.

La rougeur de la jeune fille augmenta.

— Il paraît bien fatigué, dit la servante; il n'a pourtant rien porté.

— Paresseux, dit la tante.

— Monsieur, dit la mère s'adressant à Gilbert avec cette familiarité d'interrogation qu'on ne trouve que chez les Parisiens, est-ce que les carrosses du roi sont encore loin?

Gilbert se retourna, et voyant que c'était à lui que l'on adressait la parole, il se leva et salua.

— Voilà un jeune homme poli, dit la mère.

La jeune fille devint pourpre.

— Mais je ne sais, madame, répondit Gilbert; seulement, j'ai entendu dire que l'on voyait de la poussière à un quart de lieue à peu près.

— Approchez-vous, monsieur, dit le bourgeois, et si le cœur vous en dit?

Il lui montrait le déjeuner appétissant étendu sur l'herbe.

Gilbert s'approcha. Il était à jeun : l'odeur des mets lui paraissait séduisante;

mais il sentit ses vingt-cinq ou ses vingt-six sous dans sa poche, et songeant que pour le tiers de sa fortune il aurait un déjeuner presque aussi succulent que celui qui lui était offert, il ne voulut rien accepter de gens qu'il voyait pour la première fois.

— Merci, monsieur, dit-il, grand merci, j'ai déjeuné.

— Allons, allons, dit la bourgeoise, je vois que vous êtes homme de précaution, monsieur, mais vous ne verrez rien de ce côté-ci.

— Mais vous, dit Gilbert en souriant,

vous ne verrez donc rien non plus, puisque vous y êtes comme moi?

— Oh! nous, dit la bourgeoise, c'est autre chose, nous avons notre neveu qui est sergent dans les gardes-françaises.

La jeune fille devint violette.

— Il se tiendra ce matin devant le Paon bleu, c'est son poste.

— Et sans indiscrétion, demanda Gilbert, où est le Paon bleu?

— Juste en face du couvent des Carmélites, reprit la mère; il nous a promis de nous placer derrière son escouade; nous aurons là son banc et nous verrons à merveille descendre de carrosse.

Ce fut au tour de Gilbert à sentir le rouge lui monter au visage ; il n'osait se mettre à table avec ces braves gens, mais il mourait d'envie de les suivre.

Cependant, sa philosophie, ou plutôt cet orgueil dont Rousseau l'avait tant engagé de se défier, lui souffla tout bas :

C'est bon pour des femmes d'avoir besoin de quelqu'un, mais moi, un homme ! n'ai-je pas des bras et des épaules ?

— Tous ceux qui ne seront pas là, continua la mère, comme si elle eût deviné la pensée de Gilbert et qu'elle y répondit, tous ceux qui ne seront pas là ne verront rien que les carrosses vides, et, ma foi ! les carrosses vides, on peut les voir quand on veut ; ce n'est point la peine de venir à Saint-Denis pour cela.

— Mais, madame, dit Gilbert, beaucoup de gens, ce me semble, auront la même idée que vous.

— Oui, mais tous n'auront pas un neveu aux gardes pour les faire passer.

— Ah ! c'est vrai, dit Gilbert.

Et en prononçant ce *c'est vrai*, sa figure exprima un désappointement que remarqua bien vite la perspicacité parisienne.

— Mais, dit le bourgeois habile à deviner tout ce que désirait sa femme, monsieur peut bien venir avec nous, s'il lui plaît.

— Oh! monsieur, dit Gilbert, je craindrais de vous gêner.

— Bah! au contraire, dit la femme, vous nous aiderez à parvenir jusque-là. Nous n'avions qu'un homme pour nous soutenir, nous en aurons deux.

Aucun argument ne valait celui-là pour déterminer Gilbert. L'idée qu'il serait utile, et payerait ainsi, par cette utilité, l'appui qu'on lui offrait, mettait sa conscience à couvert et lui ôtait d'avance tout scrupule.

Il accepta.

— Nous verrons un peu à qui il offrira son bras, dit la tante.

Ce secours tombait, pour Gilbert, bien véritablement du ciel. En effet, comment franchir cet insurmontable obstacle d'un rempart de trente mille personnes, toutes plus recommandables que lui par le rang, les richesses, la force, et surtout l'habitude de se placer dans ces fêtes, où chacun prend la place la plus large qu'il peut se faire.

C'eût été, au reste, pour notre philosophe, s'il eût été moins théoricien et plus pratique, une admirable étude dynamique de la société.

Le carrosse à quatre chevaux passait comme un boulet de canon dans la masse, et chacun se rangeait devant le coureur au chapeau à plumes, au justaucorps bariolé de couleurs vives et à la grosse canne, qui lui-même se faisait précéder parfois par deux chiens irrésistibles.

Le carrosse à deux chevaux donnait une

espèce de mot de passe à l'oreille d'un garde, et venait prendre son rang dans le rond-point attenant au couvent.

Les cavaliers au pas, mais dominant la foule, arrivaient au but lentement, après mille chocs, mille heurts, mille murmures essuyés.

Enfin le piéton, foulé, refoulé, harcelé, flottant comme une vague poussée par des milliers de vagues, se haussant sur la pointe des pieds, soulevé par ses voisins, s'agitant comme Antée pour retrouver cette mère commune qu'on appelle la terre, cherchant son chemin pour sortir de la multitude, le trouvant et tirant après lui sa famille, composée presque toujours d'une troupe de femmes que le Parisien, seul entre tous les peuples, sait et ose conduire à tout, partout, toujours, et faire respecter sans rodomontades.

Par-dessus tout, ou plutôt par-dessus tous, l'homme de la lie du peuple, l'homme à la face barbue, à la tête coiffée d'un reste de bonnet, aux bras nus, à la culotte maintenue avec une corde; infatigable, ardent, jouant des coudes, des épaules, des pieds, riant de son rire qui grince en riant, se frayait un chemin parmi les gens de pied aussi facilement que Gulliver dans les blés de Lilliput.

Gilbert, qui n'était ni grand seigneur à quatre chevaux, ni parlementaire en carrosse, ni militaire à cheval, ni Parisien, ni homme du peuple, eût immanquablement été écrasé, meurtri, broyé dans cette foule. Mais une fois qu'il fut sous la protection du bourgeois, il se sentit fort.

Il offrit résolument le bras à la mère de famille.

— L'impertinent! dit la tante.

On se mit en marche. Le père était entre sa sœur et sa fille ; derrière venait la servante, le panier au bras.

— Messieurs, je vous en prie, disait la

bourgeoise avec son rire franc; messieurs, de grâce! messieurs, soyez assez bons...

Et l'on s'écartait, et on la laissait passer, elle et Gilbert, et dans leur sillage glissait tout le reste de la société.

Pas à pas, pied à pied, on conquit les cinq cents toises de terrain qui séparaient la place du déjeuner de la place du Couvent, et l'on parvint jusqu'à la haie de ces redoutables gardes-françaises dans lesquels le bourgeois et sa famille avaient mis tout leur espoir.

La jeune fille avait repris peu à peu ses couleurs naturelles.

Arrivé là, le bourgeois se haussa sur les épaules de Gilbert, et aperçut à vingt pas de lui le neveu de sa femme qui se tortillait la moustache.

Le bourgeois fit avec son chapeau des gestes si extravagants que son neveu finit par l'apercevoir, vint à lui, et demanda un peu d'espace à ses camarades, qui dessoudèrent les rangs sur un point.

Aussitôt, par cette gerçure se glissèrent Gilbert et la bourgeoise, le bourgeois, sa sœur et sa fille, puis la servante, qui jeta bien dans la traversée quelques gros cris en se retournant avec des yeux féroces, mais à qui ses patrons ne songèrent pas même à demander la raison de ses cris.

Une fois la chaussée franchie, Gilbert comprit qu'il était arrivé. Il remercia le bourgeois ; le bourgeois le remercia. La mère essaya de le retenir : la tante l'invita à s'en aller, et l'on se sépara pour ne plus se revoir.

Dans l'endroit où se trouvait Gilbert, il n'y avait que des privilégiés ; il gagna donc facilement le tronc d'un gros tilleul, monta sur une pierre, se fit un appui de la première branche et attendit.

Une demi-heure environ après cette installation, le tambour roula, le canon retentit, et la cloche majestueuse de la cathédrale lança un premier bourdonnement dans les airs.

FIN DU SIXIÈME VOLUME.

TABLE DES MATIÈRES.

I. La Protectrice et le Protégé..............	3
II. Le médecin malgré lui..................	33
III. Le vieillard.......	73
IV. Le botaniste.........................	97
V. Monsieur Jacques.....................	155
VI. La mansarde de M. Jacques............	199
VII. Ce que c'était que M. Jacques...........	239
VIII. La femme du sorcier...................	275
IX. Les bourgeois de Paris..................	295

www.ingramcontent.com/pod-product-compliance
Lightning Source LLC
Chambersburg PA
CBHW060655170426
43199CB00012B/1807